高等职业技术院校汉语系列教材

# 高职汉语写作教程

GAOZHIHANYUXIEZUOJIAOCHENG

主　编　王芙菱　刘文惠
副主编　彭国庆　曹春梅　李　纯
编　者　马永林　彭　珺　欧阳勤　邵　勇　杨爱萍　张福琴

北京语言大学出版社
BEIJING LANGUAGE AND CULTURE
UNIVERSITY PRESS

**图书在版编目(CIP)数据**

高职汉语写作教程／王芙菱主编．—北京：北京语言大学出版社，2011.12（2017.11重印）
ISBN 978-7-5619-3205-6

Ⅰ.①高…　Ⅱ.①王…　Ⅲ.①汉语-写作-高等职业教育：少数民族教育-教材　Ⅳ.①H193.6

中国版本图书馆 CIP 数据核字（2011）第 245177 号

书　　名：高职汉语写作教程
责任编辑：王　磊
责任印制：姜正周
封面设计：张　娜

出版发行：北京语言大学出版社
社　　址：北京市海淀区学院路 15 号　邮政编码：100083
网　　址：www. blcup. com
电　　话：发行部　82303650/3591/3651
编辑部　82303390
读者服务部　82303653
网上订购电话　82303908
客户服务信箱　service@ blcup.com
印　　刷：保定市中画美凯印刷有限公司
经　　销：全国新华书店

版　　次：2011 年 12 月第 1 版　2017 年 11 月第 8 次印刷
开　　本：787 毫米 × 1092 毫米　1/16
印　　张：12. 75
字　　数：302 千字
书　　号：ISBN 978-7-5619-3205-6/H·11251
定　　价：25. 00 元

**凡有印装质量问题，本社负责调换，电话：82303590**

# 编写说明

《高职汉语写作教程》是高职汉语系列教材之一，供高职、高专院校的少数民族学生学习汉语写作使用。

## 一、编写原则

**1. 一般文体写作和应用文写作相结合，突出职业教育特色。**

高职、高专学生的学制一般只有三年，学生要在有限的时间内参加中国少数民族汉语水平等级考试（简称 MHK），达到相应的等级，同时还要为将来走上工作岗位作准备，这对汉语写作水平的要求就较高。编者把一般文体写作和应用文写作有机地结合，正是“急学生之所急，需学生之所需”。

**2. 增加民族汉考写作知识，使学生适应新的考试形式。**

MHK 是专门测试母语非汉语的少数民族汉语学习者汉语水平的国家级标准化考试。它和 HSK 的主要区别是增加了口语和写作的考试内容。本教材在中间部分增加了 8 篇针对 MHK 考试的写作训练，目的是使学生尽快适应这种新的考试形式。

**3. 实践、理论、再实践相结合，逐步提高学生的写作能力。**

本教材的编写体例是先给出范文，范文后有点评，使学生对这种文体的写作先有一个感性的认识；然后再安排这种文体的理论知识讲解，使学生对该文体的写作有一个正确的理性认识；最后在课堂练习和课后练习中都有针对这种文体的训练，在实践中检验和巩固学生的学习效果。

**4. 课堂练习和课后练习训练具有针对性和实用性。**

本教材的实践环节较多，有课堂练习和课后练习两种形式，这两种形式的练习都是针对本课写作知识安排的，具有一定的针对性和实用性。

## 二、内容构成

本教材共 16 课，分上、下两编，一学期或两学期完成。写作课可安排在第一年内完成，也可在后两年的专业课教学中穿插进行。书后附有参考答案的 MHK 书面表达分测验介绍。

每课主体学习部分由两大模块组成，第一模块是汉语写作基础知识、MHK 写作和一般文体写作，第二模块是应用文写作。每课的开头有本课的学习提示，最后有课堂练习和课后训练。

**1. 学习提示：**学习提示主要是让学习者了解本课的学习目的和学习重点。

**2. 例文：**每一部分的写作都有例文，根据内容的长短难易，有的是一篇，有的是多篇。例文的选取力求典型、实用，内容新、趣味性强。

**3. 生词**：例文的后面有生词，生词注有词性和汉语拼音。

**4. 例文评析**：例文点评总结归纳了文章的写作特色，便于学生模仿写作。

**5. 介绍写作的理论知识**：一般文体写作主要包括这种文体的概念、写作方法和写作注意事项；应用文写作包括文体的概念、种类、写作格式和写作注意事项。这一部分的讲解力求简洁明了。

**6. 注释**：在应用文的例文中安排了注释，目的是让学习者了解这种文体的写作格式。

**7. 练习**：写作课是一门对汉字、词汇、语法、书写格式、标点符号等进行综合运用的语言实践课。其教学目的是培养学生运用汉语进行书面表达，不断纠错，排除母语干扰，逐渐提高汉语书面表达能力。本教材安排了大量的练习，分课堂练习和课后训练两部分。这些练习从汉字、词汇、语法、篇章段落到整篇文章的写作进行了全面的训练。练习形式灵活多样，有思考题、综合练习题、情景模拟、能力训练等多种形式，以达到学以致用的目的。

## 三、教学建议及其他

本教材共16课，至少用64课时完成，也可根据教学需求增加课时。学生作文的讲评在64学时之外。例文可以有选择地讲解、分析。

本教材由王芙蓤负责框架设计、全书的统稿、审定后的修改，并完成第一课、第四课、第五课、第六课、第十三课的编写；彭国庆负责第二课、第三课和第十一课的编写；刘文惠负责第七课、第八课和第九课的编写；李纯负责第十课、第十二课和第十四课的编写；曹春梅负责第十五课、第十六课的编写。例文的生词大部分由王芙蓤完成，词性、拼音全部由王芙蓤完成。

本书在编写和出版过程中，得到了北京语言大学出版社各级领导及同行们的大力支持和热情帮助，在此，我们一并致以衷心的谢意。

在编写的过程中，编写者为了博取众长，参考吸收了有关教材、网站上的文章以及近几年的报刊、杂志，根据教学需要，对原文进行了精心的删节、修改和润色，并在文后注上作者的姓名。其中部分文章，由于诸多原因，如转载转录，作者不详。在此谨向原作者表示歉意和感谢。

编者

# 目　录

## 上　编

# 下　编

# 上编

# 第一课

## 学习提示

**学习目标**：通过本课的学习，了解汉语写作基本规范，掌握便条、条据的基本格式和写作要点。

**学习重点**：掌握便条中的请假条、留言条，条据中的借条、收条、领条和欠条。

## 写作基础知识·文面常识

【例文】

神奇的日出

清晨，庐山山顶的风凉飕飕的；含鄱口上的天，灰蒙蒙的。一切沉浸在熟睡之中，只有星星在快活地眨着眼睛。我们怀着急切的心情向含鄱亭走去。

含鄱亭已经挤满了许多人。东方的天空已是红霞灿烂，启明星快跌落到山底了。天边越来越红，人们骚动起来，他们纷纷端着照相机在抢占最佳角度。随着时间的推移和天边色彩的变化，我目不转睛地注视着东方，天空的色彩在进一步的变化，彩霞由红色变成了稍稍发白的云霞，但仍然请不出太阳。

人们焦急而耐心地等待着。"快看，它探出头来了。"不知谁叫了一声。一瞬间，精彩的场面出现了。太阳"忽"的一下从山背后跳了出来，令人难以想象的景色终于出现在我的眼前：它像一面魔镜一般晃来晃去，变化无穷。红色、蓝色、绿色、紫色、黄色，这些大自然的染工好像在捉弄我们，莫非是神仙藏在背后变魔法？魔镜的四周是刺眼的太阳光，它们就像一把把利剑，直向我们刺来。

"咔嚓，咔嚓"，一阵阵照相机的声音在我身边响起。人们用照相机摄下了一个个美丽而神奇的镜头，照下了祖国娇艳、壮丽的景色，拍下了大自然生机勃勃的万物，把它留在身边，做永久的纪念。太阳徐徐上升，愈来愈强的红光映得人们两颊生辉。刚才还是魔镜般的太阳在升高，一下子变成了一个红球。"它有些像火球。”“不，我看倒像生日蛋糕。”人们叽叽喳喳，议论纷纷。而在我的心里，它就是一道透明的光彩，普照大地，给大地带来无限生机。它无私地把光辉送给人类，送给了大自然；它催人奋发，以永远向上的精神激励着人们。等我抬起头再看时，太阳已升得很高了，似乎在对我微笑，点头。

在回旅馆的路上，我想了很多，很多……

## 生词

| | | |
|---|---|---|
| 1. 神奇 | （形） | shénqí |
| 2. 凉飕飕 | （形） | liángsōusōu |
| 3. 灰蒙蒙 | （形） | huīméngméng |
| 4. 沉浸 | （动） | chénjìn |
| 5. 快活 | （形） | kuàihuo |
| 6. 灿烂 | （形） | cànlàn |
| 7. 启明星 | （名） | qǐmíngxīng |
| 8. 跌落 | （动） | diēluò |
| 9. 骚动 | （动） | sāodòng |
| 10. 最佳 | （形） | zuìjiā |
| 11. 推移 | （动） | tuīyí |
| 12. 目不转睛 | | mù bù zhuǎn jīng |
| 13. 注视 | （动） | zhùshì |
| 14. 稍稍 | （副） | shāoshāo |
| 15. 焦急 | （形） | jiāojí |
| 16. 耐心 | （形） | nàixīn |
| 17. 探 | （动） | tàn |
| 18. 瞬间 | （名） | shùnjiān |
| 19. 精彩 | （形） | jīngcǎi |
| 20. 魔镜 | （名） | mójìng |
| 21. 晃来晃去 | | huàng lái huàng qù |
| 22. 捉弄 | （动） | zhuōnòng |
| 23. 莫非 | （副） | mòfēi |
| 24. 魔法 | （名） | mófǎ |
| 25. 刺眼 | （形） | cìyǎn |
| 26. 咔嚓 | （拟声） | kāchā |
| 27. 摄 | （动） | shè |
| 28. 娇艳 | （形） | jiāoyàn |
| 29. 壮丽 | （形） | zhuànglì |
| 30. 拍 | （动） | pāi |
| 31. 生机勃勃 | | shēngjī bóbó |
| 32. 徐徐 | （副） | xúxú |
| 33. 愈来愈 | | yù lái yù |
| 34. 映 | （动） | yìng |

| | | | | | |
|---|---|---|---|---|---|
| 35. 颊 | （名） | jiá | 37. 透明 | （形） | tòumíng |
| 36. 叽叽喳喳 | （拟声） | jījizhāzhā | 38. 激励 | （动） | jīlì |

◎【例文评析】

本文文字书写规范、清楚、美观；行文格式标准。

文章先做了必要的交代与铺垫，即观察者在什么地方，什么时间，观察者是怎样守候注视天边，观察者期待的心情，使读者产生了“很想看日出”的强烈愿望。接着用浓墨重彩绘出了“太阳从山背后跳了出来”那一幕。字数不多，却显示了它的神奇。作者捕捉了稍纵即逝的瞬间景象，抓住它的特征，笔笔传神，确实不凡。

## 文面常识

文面是文章的外在表现形式，也是作者写作风格和文化素养的体现。整洁美观的文面能够方便读者阅读，也有助于作者准确地表达思想，还可以使作者养成严肃认真的文风和学风。相反，字迹潦草，错别字连篇，标点符号混乱，格式不规范，即使内容好，读者也可能不愿意读，从而影响文章的表达效果。

文面的基本要求是：整洁清楚，美观大方。

文面的内容主要包括文字的书写、标点符号的书写、行款格式的布置和修改符号的使用等。（标点符号在后面的章节讲授）

### 一、文字书写

文字是文面的重要组成部分，要想有好的文面，首先必须重视文字的书写。文字的书写要求是：

**（一）规范**

规范，就是字的结构部位正确，笔画周到，把字写得正确无误，不写错字、别字，不写不规范的或乱造的“简化字”。汉字有规范的结构体系，包括基本的笔画，系统的偏旁，固定的部位等，不能任意改动或增减。

**（二）清楚**

清楚，就是把字写得清晰、好认。点是点，横是横，不能似是而非，模糊不清，也不能字迹潦草，龙飞凤舞。如果书写混乱，笔画不清，甚至随意增减笔画，改变偏旁，变换部位，读者难以辨认，就难以达到交际的目的。

**（三）美观**

美观，就是把字的结构布置匀称、协调，把笔画的线条写得圆润、流畅，字迹疏密得当，从而使字的形体、布局美观。这样的文面会给人赏心悦目之感，给人以美的享受，易于激发读者的阅读兴趣。

在文字书写中，还要注意数字和法定计量单位的用法与书写。

## 二、行款格式的布置

行款格式是人们在书面交际过程中逐渐形成的习惯或规定。不同的文体在行款格式中有着不同的要求，这里只简单地介绍一般文章的行款格式。

行款格式的整体布局应同纸张的大小、字数的多少等相和谐。如果无格，则要在纸张上下左右留出适当的空白，以便于修改。一般是上边和左边留的宽一些，下边和右边稍窄一些。

在考虑整体布局的同时，要着重安排好以下内容：

### （一）标题

文章的标题一般写在格纸第一行，前面空四个格，或写在第一行的中部，两侧尽量空格相等；字数很少时，字间要均匀地空出 1~2 格；字数太多，需要转行时，既要注意不要把词或词组拆开写在两行，又要注意上下行的字数排列要搭配匀称。有副标题的应写在正题的下一行，前面加破折号（位置在正标题首字后两格）；字多需转行时，首字仍对准上行的首字，不能与破折号对齐或有所超越。有时副标题字可小些。根据需要，标题内可以用标点符号或用空格等表示停顿，但末尾一般不用标点符号；偶尔用，也只用问号、叹号、省略号。

### （二）署名

作者的姓名一般写在标题（或副标题）下间隔一行的正中，每个字的中间可空一格，单名的字间可空两格，下面再间隔一行写正文；也可以写在标题的后面，但与标题间至少有两个空格，姓名后也一定有两个空格为宜，否则，仍隔行居中写。作者的姓名也可以写在文章的末尾。根据需要，署名前后可写明作者的工作单位和职务、职称等。

### （三）正文

1. 分段

每个自然段开头需空两格，无格时空两个字的位置。自然段之间一般不空行，有时根据内容需要，如诗歌的章节之间、文章大的段落（部分）之间及篇章之间，可以留有适当的空行。

2. 引文与对话

引文可以同正文连写，不分写，不空格，也可以单独成段。独立成段的引文可不加引号，但应在引文前的正文末尾加冒号。冒号前未写明出处的，可在引文后的括号内注明，或另加注释说明。

短的对话可与正文连写，用引号标明；长的、多的，或需要强调的，都应提前分段书写。

3. 小标题与序码

正文的内容较多，可分部分并列出小标题。小标题的书写可同大标题一样，写在一行中间，也可写在本部分开头，是否单独占行，视具体的情况而定。小标题可编序码，也可不编。序码主要用于分条列项，其种类很多，有大写汉字、小写汉字、天干地支、阿拉伯数字、拉丁文、罗马数字等，目前使用尚未统一。一般说来，可按下列顺序使用：

一、二、三、……

（一）（二）（三）……

1. 2. 3. ……

（1）（2）（3）……

内容层次少的也可仅用“一、”或“1.”类，仅有两个层次的可用“一、”和“1.”类，内容层次多的，还可用外文字母，长篇的还可分章分节写。

**（四）写作时间**

写文章，一般都应在文末注明写作的时间（包括年、月、日等），习惯写在文末空一行或两三行的右下方。如果是较长时间内写成的，也可写明开始和结束的时间，中间加连接号。如果写成后又经过修改，还可在写作时间的下一行的相应位置，再注明修改时间。

**（五）页码**

文章超过一页的，要标出页码，其位置可标在右上角、右下角或页下正中部位，以防串页。

## 三、修改符号的使用

修改文章时，要使用统一的符号加以标示，这样既可以节省一些说明性文字，又可以使文面不受大的影响。特别是准备付印的文章，修改符号应与《中华人民共和国专业标准校对符号及其用法》基本一致，以便于打字、排版及校对。下面将结合具体文章的修改，介绍几种常用的修改符号及其用法：

1. 删除号：

用此号将要删除的文字圈起来，用线沿行间引至空白处，画两个小圆圈，表示这些文字删除不要了。不要在文章上直接将要删除的文字抹黑或涂死，以便必要时恢复原文。例如：

去南海求经，必须经过千辛万苦，道路上的困难肯定真的很多。

2. 保留号：△△△△

此符号画在被删除的文字下面（每字一号），并在原删除号上画两竖线，表示不删除而保留原来的文字。例如：

不知什么时候，山外的气息从那条山路上飘到山里来了。
△△△△△△

3. 增补号（追加号）：

用此号在文内增补一些文字。符号的箭头插入所要增补的位置，在空白处写明要添加的文字，并用圆圈圈起来。例如：

那山谷，

那悬崖，那峭壁，那沟壑，凭空为那山路增添了无尽的韵味……

4. 改正号：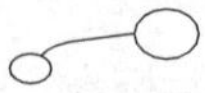

用此号的一端将需要改正的文字圈起来，另一端在空白处将改正后的文字圈起来，沿行间画一直线将两端连接起来，表示原文中的文字改为空白处的文字。例如：

我是一名高中生，我很清楚，再过不久我将步入社会，参与到竞争激烈的今天。
社会之中

5. 对调好（换位号）：

此号用在需要换位的文字间，表示前后文字调换位置。例如：

许师傅这种拾金不昧的品质高贵值得我们学习。

6. 转移号：

用此号将需要转移的文字圈起来，然后用箭头从行间空隙插到移入位置（箭头一般不要穿行而过）。例如：

她们这种顽强拼搏精神，使我深受的感动，给我很大的启发。

7. 缩位号：

此号表示文字向后缩到号尾所示的位置。例如：

这次期中考试我的成绩一点儿也不理想，我心里很难受。

8. 提位号（提行号）：| ←

此号表示文字向前提到箭头所示的位置。它可以用于文字的前移，也可用于另起一段。例如：

|← 青藏铁路的开通不仅为青藏高原旅游开发提供了难得的契机和载体，也将进一步延伸扩大中国西部交通网络，把西藏纳入全国四通八达的大铁路网，进而孕育青藏高原经济带的形成。

9. 连接号：

用此号将不应该分行、分段的文字连接起来。例如：

吸烟对健康的危害很大。

烟里含有大量尼古丁，毒性很强，会导致多种疾病。

10. 着重号：····

此号画在句子或词语的下方，表示句子写得好，词语用得恰如其分。例如：

书是人类进步的阶梯，是人类的精神食粮。

## 应用文写作·条据文书

# 条据文书

**【例文一　请假条】**

**请假条①**

李老师：②

我因感冒发烧，不能到校上课，③特向您请假三天（3 月 10 日至 3 月 12 日），④请批准。

此致

敬礼⑤

学生：刘勇⑥

20××年×月×日⑦

【注释】

① 条据的名称　② 称呼　③ 请假的原因
④ 请假的时间　⑤ 祝颂语　⑥ 具名
⑦ 日期

【例文二　留言条】

**留言条①**

刘磊同学:②

原定本周日的春游改在本周六了。原因是气象台预报星期日有中雨。本周六上午八时在校门口集合,请准时参加。③

此致

敬礼④

同学:王明⑤

20××年×月×日⑥

【注释】

① 条据的名称　② 称呼　③ 正文
④ 祝颂语　⑤ 具名　⑥ 日期

【例文三　托事条】

**托事条①**

潘江伟:②

请帮我代购一张本周六到乌鲁木齐的火车票,发车时间最好是7:00~9:00之间。这样我可以中午到乌鲁木齐,赶上下午两节课。我明天取票。拜托了!③

此致

敬礼④

李根生⑤

20××年×月×日⑥

【注释】

① 条据的名称　② 称呼　③ 正文
④ 祝颂语　⑤ 具名　⑥ 日期

【例文四　借条】

**借　条①**

今借张雷人民币壹仟圆整(¥1000整),三月内还清。

此据。②

借款人:李明③

20××年×月×日④

【注释】

① 条据的名称　　② 正文

③ 具名　　④ 日期

【例文五　欠条】

欠　条[1]

原借王新人民币伍佰圆整(¥500 整),已还叁佰圆整(¥300 整),尚欠贰佰圆整(¥200 整),一个月内还清。

此据。[2]

周立[3]

20××年×月×日[4]

【注释】

① 条据的名称　　② 正文

③ 具名　　④ 日期

【例文六　收条】

收　条[1]

今收到××学院发给我的奖学金共计人民币陆仟圆整(¥6000 整)。

此据。[2]

计算机 04-05 班[3]

经手人:刘涛(印章)[4]

20××年×月×日[5]

【注释】

① 条据的名称　　② 正文

③ 单位　　④ 具名

⑤ 日期

◎【例文评析】

以上六种条据格式标准,书写规范。条据类型写在中间,字号比正文稍大些,这样较醒目;请假条、留言条、托事条第一行顶格写对方的称呼,后面有冒号;正文中钱物的数字大写,还要写明币种;请假条、留言条、托事条一般要有“此致　敬礼”等祝颂语,借条、欠条、收条有“此据”;具名写在正文右下方,本人真实姓名;日期在具名的右下方,写全了年、月、日。

## 条据

### 一、条据的含义和特点

人们在日常工作和生活中总要与别人交往,有时需要通过书面形式把临时要告诉别人的某件事写成简单的条子,或把所交接的钱物写成书面文字,作为凭据,这种条子和凭据就是日常工作、学习和生活中常用的应用文——条据。条据的特点是常用和简便。

## 二、条据的分类

按用途分,条据可以分为说明性条据和凭证性条据。

### (一)说明性条据

说明性条据是临时用来把某件事告诉别人的条子。如:请假条、留言条、托事条等。

说明性条据由五部分组成:

1. 标题

第一行正中写条据的名称,如"请假条"、"托事条"等。

2. 称呼

第一行顶格写对方的称呼,后面用冒号。

3. 正文

第二行开头空两格开始写正文。请假条要说明请假的原因、起止时间,然后写上"请准假"、"请批准"、"特此请假"等字样。留言条要写明何时、何地、何事。托事条要写明何时、何地、以何方式办何事、怎么办。

4. 祝颂语

另起一行空两格写"此致",再另起一行顶格写"敬礼",表示对对方的尊重。

5. 具名

在正文右下方写上自己的姓名。

6. 日期

在具名的右下方写上年、月、日。

### (二)凭证性条据

凭证性条据是交接钱物时作为凭证的单据。如:领条、收条、借条等。

1. 凭证性条据的写法

凭证性条据在第一行中间写上"领条"、"收条"、"借条"等字样,表明条据的性质。如属代收或代领,则在前面加个"代"字。

第二行空两格写正文。收条要依次写明交来钱物的人名或单位名称、钱物种类、数量以及用途或目的;借条要依次写明被借方姓名,所借物品名称、数量、借期、归还的期限。如果所借是钱财,要写明币种、利息等;领条要依次写明领取人姓名,领取物品名称、种类、数量、型号等;欠条要依次写明被欠方的姓名、所欠钱物的名称、已归还的数量、仍拖欠的数量、归还剩余部分的时间。一般还要在正文后边写上"此据"二字,以防添加内容。最后,在条据的右下方写上自己的名字,如果是代表单位,则应写上单位名称、经办人姓名,并加盖公章(或私章)。在署名的下方写明日期。

2. 凭证条据的写作要求

(1)使用的单位名称及个人姓名必须是全称。

(2)表示钱物的数字一律要大写(如:壹、贰、叁、肆、伍、陆、柒、捌、玖、拾、佰、仟、万、亿),以防涂改。数字后面写上量词(元、斤、个等),不留空白,再在后面加上"整"字和"此据"二字,以防添加。

（3）条据中的钱财，一定要写明币种，物品要写明名称、种类、数量和型号。

（4）条据一律要用钢笔或毛笔书写在较好的纸张上，以便保存，不能随意涂改，如确需涂改，应在改动的地方加盖公章或私章。签字不能代签，必须当事人签名，并加盖印章或指印。

（5）日期要用汉字小写，并写全年、月、日。

## 课堂练习

### 训练一　写作

**写作题目：**“自我介绍”，也可自拟题目，如：“我的自画像”。

**写作要求：**（1）字迹工整，标点正确，文面整洁；

（2）用词正确，语句通顺，内容完整；

（3）时间30分钟，全文不少于250字。

**写作指导：**（1）向你所在班级的老师、同学介绍自己的基本情况，以便在以后的学习中互相交流，互相了解，增进友谊。

（2）从基本情况、性格、爱好、外貌、优缺点等几方面入手，抓住特点介绍自己，展示一个真实的自我。以下词语可以帮助你写作：

活泼开朗　　沉稳　　大方　　兴趣广泛

### 训练二

**1. 病文修改**

请根据所学知识，指出下列条据的不足之处，并进行修改。

（1）

请假条

我感冒发烧，不能去上课，请病假一天。

学生：陶雨晴

2011年9月28日

（2）

借　条

今借到李成龙现金500元，到期一次性还清。

经手人：王小明

即日

(3)

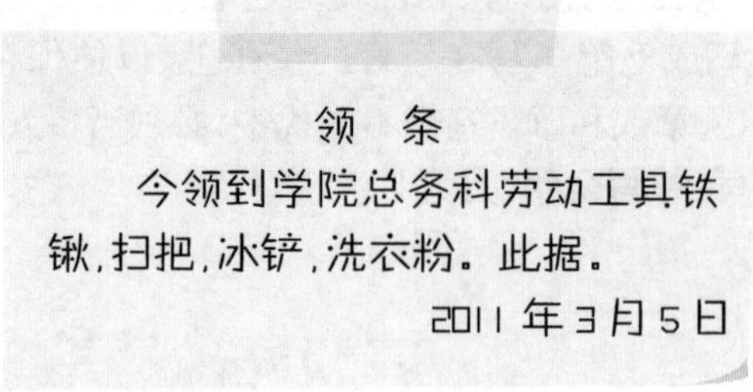

领　条

今领到学院总务科劳动工具铁锹，扫把，冰铲，洗衣粉。此据。

2011年3月5日

**2. 情景模拟**

(1) 居委会主任王东海送给五保户张奶奶600元养老金，需要写收条，可张奶奶不识字。请你帮张奶奶写张收条。

(2) 阿依古丽同学5月8日要代表学院参加自治区学联组织的文艺汇演，不能上当天的课了。请你替她向李老师写一张请假条。

## 课后练习

### 一、思考题

1. 文面的内容包括什么？文字的书写有哪些要求？
2. 条据分为哪几类？写凭证性条据要注意哪些问题？
3. 领条和收条有哪些区别？

### 二、综合练习

1. 填写汉字。

(1) 美国社会很______视一个人的口头表达能力。
(2) 这天夜里，我做了个奇______的梦，梦见自己变成一只小蜜蜂。
(3) 爷爷住院以后，妈妈每天都去医院照______他。
(4) 何玲的课讲得很好，在座的老师都忍不住点头称______。
(5) 家长要让孩子从小养成讲卫生的好习______。
(6) 今晚我们过一个收______节，请父亲也来尝尝我们的新花生。
(7) 花生的价钱______宜，谁都可以买来吃。
(8) 父亲的话却深深地感______了我，我不禁落下泪来。
(9) 初次接触我的人都说我是个文______而严肃的人。
(10) 每当春暖花开的时候，我总会约朋友一起去野外______山。

2. 在下面两段话中，有几处汉语拼音。请根据上下文的意思，从A、B、C、D四个选项中选出最恰当的词语，并在指定的位置上填写代表正确答案的字母。

(1) 今年的就业形势无比<u>yánjùn</u>。尤其是我们中文专业，本来就不是<u>rèmén</u>专业，如今受金融危机的影响，人才市场的<u>zhāopìn</u>单位锐减，工作就更难找了。我<u>bēnbō</u>了两个月，投了上百份简历，参加了十几次面试，得到了一个试用的机会。试用时间不长，只有两个月。一个月后，公司将在我和另一名求职者小杨中间 xuǎnzé 一个人，留在人力资源部工作。

(　　) A. 严峻　B. 严竣　C. 言竣　D. 严肃

(　　) A. 热们　B. 若门　C. 热门　D. 吃香

(　　) A. 招娉　B. 招生　C. 招聘　D. 找聘

(　　) A. 奔破　B. 奔波　C. 笨波　D. 奔跑

(　　) A. 选折　B. 挑选　C. 淘汰　D. 选择

(2) 哭是人们生活中常见的事。在同情、伤感、bēitòng、绝望、呼救时，人们往往会哭。过多的哭泣对身体是有害的。但哭也有好的一方面。科学家们认为，在想流泪的时候，就应该让它流出来，不要强行 yāyì。因为人们在哭时流出的泪水是含有毒素的，这些毒素 páixiè 出来，于身体有益。

笑是精神愉快的一种表现，一般说来，它对身体是有益的。笑能使肌肉放松，头脑 qīngxǐng，消除疲劳。笑还可以促进食欲。但有时笑又是有害的。例如，jìncān 时大笑，容易使食物进入气管；工作中嘻笑打闹，易造成意外事故。

(　　) A. 悲伤　B. 伤心　C. 悲痛　D. 悲疼

(　　) A. 压制　B. 压抑　C. 押抑　D. 压意

(　　) A. 排泄　B. 排泻　C. 排卸　D. 拍泻

(　　) A. 晴醒　B. 清楚　C. 清醒　D. 情形

(　　) A. 进食　B. 进餐　C. 进粲　D. 吃饭

3. 修改病句。

(1) 这是有趣的一本神话故事书。

______________________________。

(2) 我的写字台上一只小泥猴。

______________________________。

(3) 晚会上，同学们表演了许多一个个精彩的节目。

______________________________。

(4) 请你们父亲都来尝尝我们的新花生，好不好？

______________________________。

(5) 它既然不好看，可是很有用，不是外表好看而没有实用价值的东西。

______________________________。

4. 连词成句。

(1) 几家　学校　了　昼夜　附近　的　网吧　出现　营业

______________________________。

(2) 清晰　上　了　我　的　留下　笔迹　笔记本

______________________________。

(3) 学生　将　学校　参加　活动　组织　植树

______________________________。

（4）什么　这门　对　课　研究　我　体育　没有

______________________________________________。

（5）事业　我的　已　和　全部　我的　精力　都　生命　献给

______________________________________________。

## 三、能力训练

1. 阅读下面的条据，指出它属于哪一类？再检查一下，是否是“病文”，如果是，请你改正。

王月生同学：

星期天我要参加一个演讲比赛，稿子已写好，总是不满意。能否帮我修改一下？你是高手，要是得奖一定有你的份。

原稿附上，我明天来取。

好友：杨林

2011 年 11 月 28 日

2. 根据下面的内容写条据。

（1）物流管理 09–1 班教室里的 5 把椅子和 6 张桌子坏了，经班委会讨论，决定自己修理，劳动委员王新刚需向学校总务处高主任借一把锯和一把榔头。借用日期 12 月 20 日，准备第二天用完后归还。

（2）交通学院的艾山江同学品学兼优，被学院评选为今年优秀学生之一，获得国家奖学金的奖励。他从学生处领取了国家奖学金 8000 元，请你帮他写一张领条。

**团结合作篇**

① 不论在战争年代还是和平时期，任何领袖只有得到了他的同伴的合作，才能起到重要的有效的作用。
——（古罗马）西塞奥

② 我们知道个人是微弱的，但是我们也知道整体就是力量。——（德）马克思

③ 两个有力的人群常能借合作而比借竞争的方式更为繁荣。——（英）罗素

④ 不管一个人的力量大小，他要跟大家合作，总比一个人单干能发挥更大作用。
——（英）塞缪尔·巴特勒

⑤ 树枝和树干纠结在一起，脱离树干的树枝很快就会枯死。
——（瑞士）奥涅格

⑥ 每个人都拥有不同的智慧和无可限量的潜能，当大家对此有所了解，并同心协力地开发时，就能为社会带来繁荣。——（日）松下幸之助

# 第二课

## 学习提示

**学习目标**：明确点号的用法及书写要求，并能正确运用和书写点号；了解启事、声明及海报的书写规范；能根据实际情况写出规范的启事、声明及海报。

**学习重点**：点号的用法及书写要求；启事、声明及海报的书写规范。

## 写作基础知识·标点符号（一）

▶【例文】

### 一个高职生的升职神话

杨丽高职毕业那年，就业形势很严峻。寄出几十封求职信后，一家公司给了她回音。

闯过初试和面试后，杨丽进入了最后一轮考查：在人力资源部实习3天。部门经理交给杨丽一个任务：把公司去年的一些文件整理归类，在电脑里建档保存。

杨丽忙了一天，下班前突然接到坏消息：总公司紧急通知暂停招聘新员工。“这不是耍我们吗？”参加实习的应聘者们很不满，杨丽却仍然在成堆的文件里忙碌。部门经理客气地对她说：“真不好意思，让你忙活了一整天……下班了，快回家吧，明天就不用来了。”

杨丽说：“没关系，活儿没干完，我心里不踏实，明天上午就整理好了。”

两个月后，在一个小店打零工的杨丽接到一个电话，是那位部门经理打来的。他对这个“傻”求职者印象深刻，公司重新开始招聘时，他第一个电话就打给了杨丽。

学历不高、毫无工作经验的杨丽被安排在前台做接待员。上班第一天，杨丽就换掉了那本破破烂烂的登记簿，取而代之的是16开的大本子，封面上是她自己打印的公司简介。脏兮兮的部门电话表也被她扯掉了，她背了几个晚上，把电话号码熟记于心。

一次，几个新加坡客户到公司来谈合作，杨丽安排他们在大厅等候。客户们谈到对这个新合作伙伴的业绩不太了解，杨丽听后礼貌地说：“如果可以的话，占用各位一点儿时间，我可以简单地介绍一下本公司的情况。”

在众人惊讶的目光里，杨丽把公司近几年的销售业绩、市场份额等情况介绍得有条有理，等销售经理过来的时候，客户们赞不绝口：“你们公司真是了不得啊，普通员工对公司业绩都能脱口而出，我们对这样的企业很有信心……”

一年后，“优秀员工”的称号和奖金落在了这个前台接待员的头上。

年底，每个员工都要写述职报告，总结经验，提出建议。当杨丽开始写述职报告时，老员工们都说："别傻了，从网上下载一份，改改就得了，上千份报告堆起来比老总的个子还高，他怎么可能一份份看呢？"

一周后，杨丽拿出来一本像杂志一样图文并茂的年终总结。彩色封面上是公司的宗旨，扉页上是目录和提要，正文分别是"我的工作""我的看法"和"我的建议"，每部分都有详细数据和图表，还用漫画展示了公司存在的不良现象。

三天后，老总把杨丽叫到办公室说："你的年终总结我看了四遍，你看问题很准，思路清晰有创意，但我更欣赏你对工作的责任感。你也许需要一个更合适的岗位，好好干吧！"

进入公司的第三年，杨丽成了部门经理，同事们都为她创造的升职神话而感叹。

（作者：卓然　摘自2009年9月《青年参考》）

## 生词

| | | | | | |
|---|---|---|---|---|---|
| 1. 神话 | （名） | shénhuà | 20. 了不得 | （形） | liǎobudé |
| 2. 严峻 | （形） | yánjùn | 21. 脱口而出 | | tuō kǒu ér chū |
| 3. 回音 | （名） | huíyīn | 22. 述职 | | shù zhí |
| 4. 闯 | （动） | chuǎng | 23. 下载 | （动） | xiàzài |
| 5. 面试 | （名） | miànshì | 24. 得了 | （助） | déle |
| 6. 轮 | （量） | lún | 25. 图文并茂 | | tú wén bìng mào |
| 7. 招聘 | （动） | zhāopìn | 26. 宗旨 | （名） | zōngzhǐ |
| 8. 耍 | （动） | shuǎ | 27. 扉页 | （名） | fēiyè |
| 9. 忙活 | （动） | mánghuo | 28. 提要 | （名） | tíyào |
| 10. 踏实 | （形） | tāshi | 29. 数据 | （名） | shùjù |
| 11. 破破烂烂 | | pòpòlànlàn | 30. 图表 | （名） | túbiǎo |
| 12. 取而代之 | | qǔ ér dài zhī | 31. 漫画 | （名） | mànhuà |
| 13. 脏兮兮 | | zāngxīxī | 32. 清晰 | （形） | qīngxī |
| 14. 扯 | （动） | chě | 33. 创意 | （名） | chuàngyì |
| 15. 占用 | （动） | zhànyòng | 34. 欣赏 | （动） | xīnshǎng |
| 16. 惊讶 | （形） | jīngyà | 35. 感叹 | （动） | gǎntàn |
| 17. 份额 | （名） | fèn'é | | | |
| 18. 有条有理 | | yǒu tiáo yǒu lǐ | | | |
| 19. 赞不绝口 | | zàn bù jué kǒu | | | |

◎【例文评析】

文章的标点符号使用准确，书写规范。这篇文章写了一个高职生的求职经历。杨丽这位毕业生的求职到升职的整个过程，对我们现在的学生也有所启发：做任何事情都要认真，哪怕这件事对你现在没用，也要认真对待。此外，对工作要有高度的责任感。

## 点号

标点符号是辅助文字记录语言的符号，是书面语的有机组成部分，用来表示停顿、语气以及词语的性质和作用。常用的标点符号有 16 种，分为点号和标号两大类。

### 一、点号的作用及种类

点号的作用在于点断，主要表示说话时的停顿和语气。点号分为句末点号和句内点号。句末点号用在句末，有句号（。）、问号（？）、叹号（！）3 种，表示句末的停顿，同时表示句子的语气。句内点号用在句内，有逗号（，）、顿号（、）、分号（；）及冒号（：）4 种，表示句内的各种不同性质的停顿。

### 二、点号的形式和用法

1. 句号

句号的形式为“。”。陈述句末尾的停顿用句号。例如：

杨丽高职毕业那年，就业形势很严峻。

2. 问号

问号的形式为“？”。疑问句末尾的停顿和反问句、设问句的末尾，用问号。例如：

这不是欺骗我们吗？

3. 叹号

叹号的形式为“！”。感叹句末尾的停顿、语气强烈的祈使句和反问句末尾，用叹号。例如：

你也许需要一个更合适的岗位，好好干吧！

4. 逗号

逗号的形式为“，”。句子内部主语与谓语之间如需停顿，句子内部动词与宾语之间如需停顿，句子内部状语后边如需停顿，用逗号。此外，复句内各分句之间的停顿，除了有时要用分号外，都用逗号。例如：

寄出几十封求职信后，一家公司给了她回音。

5. 顿号

顿号的形式为“、”。句子内部并列词语之间的停顿，用顿号。例如：

杨丽把公司近几年的销售业绩、市场份额等情况介绍得有条有理。

6. 分号

分号的形式为“；”。复句内部并列分句之间的停顿，用分号。例如：

语言，人们用来抒情达意；文字，人们用来记言记事。

7. 冒号

冒号的形式为“:”。(1)用在称呼语后边,表示提起下文。(2)用在“说、想、是、证明、宣布、指出、透露、例如、如下”等词语后边,表示提起下文。(3)用在总说性话语的后边,表示引起下文的分说。(4)用在需要解释的词语后边,表示引出解释或说明。(5)总括性话语的前边,也可以用冒号,以总结上文。例如:

经理交给杨丽一个任务:把公司去年的一些文件整理归类,在电脑里建档保存。

**三、点号的位置**

句号(。)、问号(?)、叹号(!)、逗号(,)、顿号(、)、分号(;)和冒号(:),一般占一个字的位置,居左偏下,不出现在一行之首。

**四、点号书写范例**

| | | | | | | | | | | | | | | | | | | | |
|---|---|---|---|---|---|---|---|---|---|---|---|---|---|---|---|---|---|---|---|
| 1. | 北 | 京 | 是 | 中 | 华 | 人 | 民 | 共 | 和 | 国 | 的 | 首 | 都 | 。 | | | | | |
| 2. | 你 | 见 | 过 | 金 | 丝 | 猴 | 吗 | ? | | | | | | | | | | | |
| 3. | 今 | 天 | 天 | 气 | 真 | 好 | 啊 | ! | | | | | | | | | | | |
| 4. | 读 | 书 | 是 | 学 | 习 | , | 使 | 用 | 也 | 是 | 学 | 习 | 。 | | | | | | |
| 5. | 我 | 国 | 的 | 四 | 大 | 发 | 明 | 是 | 指 | 南 | 针 | 、 | 火 | 药 | 、 | 活 | 字 | 印 | 刷 |
| | 术 | 和 | 造 | 纸 | 术 | 。 | | | | | | | | | | | | | |
| 6. | 语 | 言 | , | 人 | 们 | 用 | 来 | 抒 | 情 | 达 | 意 | ; | 文 | 字 | , | 人 | 们 | 用 | 来 |
| | 记 | 言 | 记 | 事 | 。 | | | | | | | | | | | | | | |
| 7. | 毛 | 泽 | 东 | 同 | 志 | 曾 | 说 | :“ | 读 | 书 | 是 | 学 | 习 | , | 使 | 用 | 也 | 是 | 学 |
| | 习 | , | 而 | 且 | 是 | 更 | 重 | 要 | 的 | 学 | 习 | 。” | | | | | | | |

## 应用文写作·启事　声明　海报

**【例文一　启事】**

**招领启事①**

本人于6月18日早上8点左右②在学校操场西边③捡到一个钱包,内有现金若干、银行卡一张、身份证一张、借书证一本。④请失主看到启事后,到学校保卫科认领,或与本人电话联系,电话号码是:1234567。⑤

本校学生　阿力木⑥

2011年6月19日⑦

【注释】

① 标题　② 捡拾物品的时间
③ 捡拾物品的地点　④ 捡拾的物品
⑤ 联系方式　⑥ 署名
⑦ 日期

◎【例文评析】

这是一则招领启事。捡拾物品者在正文中写明了捡拾物品的时间(6 月 18 日早上 8 点左右)、具体的地点(学校操场西边)以及物品——钱包(内有现金若干、银行卡一张、身份证一张、借书证一本),并留下了两种认领物品的联系方式。这则招领启事内容详尽,简明清楚,便于失主及时寻找到遗失物品。

【例文二　启事】

寻物启事①

元月 25 日(星期日)中午,②本人不慎③在学校电影院④丢失一个钱包,内有 500 元现金、一张工行卡、一本学生证、一个借书证。⑤请拾到者与本人联系,电话号码是:1234567。⑥非常感谢。⑦

人文学院学生　吐尔地⑧
2011 年 1 月 26 日⑨

【注释】

① 标题　② 丢失物品的时间
③ 丢失物品的原因　④ 丢失物品的地点
⑤ 丢失的物品　⑥ 联系方式
⑦ 感谢语　⑧ 署名
⑨ 日期

◎【例文评析】

这是一则寻物启事。失主在正文中交代了遗失物品的时间(1 月 25 日中午)、具体的地点(学校电影院)以及丢失的原因(不慎)。同时,详细介绍了遗失物钱包内的物品(500 元现金、一张工行卡、一本学生证、一个借书证),并留下了联系电话,最后表示感谢。这则寻物启事文字简练、篇幅短小,介绍丢失物品的情况详尽具体,便于捡拾物品的人及时把物品归还原主。

【例文三　声明】

**身份证遗失声明①**

本人第二代身份证于 2010 年 3 月 8 日在乌鲁木齐市遗失，证件号码为 65042419820916781X,特此声明挂失作废。②自本声明发布日起,一切与该身份证相关的行为以及由此造成的法律责任或经济损失,概与本人无关,本人不负任何责任,特此郑重声明。③

如有单位或个人发现有人持此身份证从事违法活动,请提高警惕以防给您造成损失,并立即拨打 110 报警! ④

艾力江⑤

2010 年 3 月 20 日⑥

【注释】

① 标题
② 声明的事件
③ 自己的立场和态度
④ 防止有人持此身份证从事违法活动的办法和措施
⑤ 署名
⑥ 日期

◎【例文评析】

这是一则身份证遗失声明，标题由事由和文种构成。失主在声明中交代了遗失的物品(第二代身份证),告知公众声明的事件是“遗失的身份证挂失作废”,并且郑重表明了自己的立场和态度:自声明发布日起,一切与该身份证相关的行为以及由此造成的法律责任或经济损失,概不负任何责任。最后,失主在声明中说明了防止有人持此身份证从事违法活动的办法和措施(提高警惕,拨打 110 报警)。这则声明文字简练,内容详尽。

【例文四　海报】

**海　报①**

学术报告会②

为纪念“五四”运动 90 周年,③特邀人文学院古丽娜教授④作学术报告。

题目:知识经济时代的学习和工作⑤

时间:5 月 4 日 14 时⑥

地点:学校大礼堂⑦

欢迎全校师生踊跃参加。⑧

校学生会⑨

2010 年 5 月 2 日⑩

【注释】

① 标题　　② 海报的主题

③ 举办学术报告会的原因
④ 报告者
⑤ 学术报告的题目
⑥ 学术报告的时间
⑦ 学术报告的地点
⑧ 参加学术报告的人员
⑨ 海报的发布者，即学术报告的举办单位
⑩ 日期

◎【例文评析】

这是一则报告会海报。海报的标题直接写明了事由（学术报告），正文中交代了举办报告会的目的（纪念“五四”运动90周年）、作报告者（人文学院教授古丽娜）、报告会的题目（知识经济时代的学习和工作）、报告会的时间（5月4日14时）、报告会的地点（学校大礼堂）、参加报告会的人员（全校师生），落款中写明了海报的发布者（校学生会）和海报发布的日期（2011年5月2日）。这则报告会海报文字简洁明了，内容详尽。

【例文五　海报】

海　报①

篮球表演赛②

人文学院篮球队—外语学院篮球队③

对抗激烈，扣人心弦④

时间：5月8日下午4点⑤
地点：学校体育场⑥
购票地点：学生会1楼305号⑦
票价：5元/人⑧

【注释】

① 标题　② 主题
③ 比赛者　④ 表演赛的特点
⑤ 表演赛的时间　⑥ 表演赛的地点
⑦ 购票地点　⑧ 票价

◎【例文评析】

这是一则体育活动海报。海报的标题中写明了事由（篮球表演赛），正文部分交代了活动的时间（5月8日下午4点）、地点（学校体育场）、内容（人文学院篮球队与外语学院篮球队表演赛）、参加方式（购票）及注意事项（购票地点在学生会1楼305号、票价为5元/人）。这则海报内容条目清楚，并且恰当地运用了鼓动性的词语（对抗激烈，扣人心弦），以吸引观众。

# 启事

## 一、启事的概念及种类

启事是单位或个人需要向公众说明某事或希望公众协助办理某事时使用的一种应用文，一般张贴在公共场所，或刊登在报刊杂志上。

常见的启事有寻物启事、寻人启事、招领启事、征文启事、招生启事、招聘启事等。

## 二、启事的写作格式

启事一般由标题、正文、署名和日期几部分构成。

### （一）标题

启事的标题通常由事由加文种名构成，标题写在第一行中间。

### （二）正文

正文在标题下方另起一行空两格书写，写明要向大家说明或希望大家帮助办理的事情。

### （三）署名和日期

在正文右下方分两行写明启事书写者的单位名称、个人姓名以及书写启事的日期。

## 三、招领启事和寻物启事的写作要求

招领启事的正文一般包括以下几项内容：

1. 捡拾物品的时间、地点及名称。
2. 认领遗失物品的具体方式，联系地址、电话号码等。

寻物启事的正文一般包括以下几项内容：

1. 丢失物品的时间、地点、原因，以及名称、数量等。
2. 捡拾物品者送还的具体方式，发文者的详细地址、联系电话等。
3. 寻物启事是求人协助寻找遗失物，故正文结尾处应写一些表示谢意的话，还可以写明给予拾到者必要的酬金之类的话。

## 四、招领启事和寻物启事的区别

招领启事中捡拾的物品不能详细写明，并且不用写感谢语，寻物启事中丢失的物品一般应详细写明，并且要写感谢语。

## 五、招领启事和寻物启事写作的注意事项

1. 标题在第一行正中书写，字体大于正文，同时写明启事的种类，如："寻物启事"、"招领启事"。
2. 正文内容要详尽，即时间、地点、物品和联系方式要写清楚。此外，寻物启事要写明丢失的物品，正文结尾处应写感谢语。
3. 要使用书面语，如："本人"、"若干"、"前去认领"、"非常感谢"等，避免使用"我"、"一些"、"太感谢了"、"很感谢"、"特别感谢"等口语。

4. 寻物启事中罗列丢失物品时,数量词与名词的结构方式应一致,或“数量词+名词”,或“名词+数量词”,如:一个钱包、一把钥匙,或钱包一个、钥匙一把。

5. 署名时单位名称和个人姓名中间应空格。

## 声明

### 一、声明的概念及种类

声明是国家机关、社会团体、企事业单位或公民个人为维护自身的合法权益,就有关事项向公众表明自己立场、观点和态度时使用的一种应用文体。声明可以刊登在报刊上,或通过广播、电视播发,也可以在指定的公共场所张贴。

声明通常有两类:一类是政务类声明,一类是事务类声明。

### 二、声明的写作格式

声明一般由标题、正文、署名和日期几部分组成。

#### (一)标题

声明的标题写在第一行正中间,写法主要有以下几种形式:

1. 单独由文种名构成,即在第一行中间写上“声明”字样。
2. 由事由和文种构成,如:“遗失声明”。
3. 在文种“声明”前添加修饰语,如:“重要声明”、“郑重声明”。

#### (二)正文

正文在标题下方另起一行空两格书写,声明的正文主要包括以下内容:

1. 要声明的问题或事件。
2. 要公开表明的立场、观点、态度。
3. 防止问题或事件继续发展的办法和措施。

#### (三)署名和日期

在正文的右下方分两行写明发表声明的单位名称或个人姓名及发表声明的日期。

### 三、声明写作的注意事项

1. 声明中的问题、事件要属实。
2. 声明的立场、观点和态度要明确。

## 海报

### 一、海报的概念

海报是人们日常生活中极为常见的一种招贴形式,多用于电影、戏曲、比赛、文艺演出等活动。海报中通常包括活动的性质、活动的主办单位、时间、地点等内容。

## 二、海报的写作格式

海报一般由标题、正文、署名和日期几部分组成。

### (一)标题

海报的标题写法较多,主要有以下几种形式:

1. 单独由文种名构成,即在第一行中间写上"海报"字样。
2. 直接把活动的内容作为题目,如"舞讯"、"影讯"、"球讯"等。
3. 可以是一些描述性的文字,如"篮球表演赛"。

### (二)正文

海报的正文主要包括以下内容:

1. 活动的目的和意义。
2. 活动的主要项目、时间、地点等。
3. 参加活动的具体方法及一些必要的注意事项等。

### (三)署名和日期

在海报的右下方要写明主办单位的名称及发布海报的日期。

## 三、海报写作的注意事项

1. 活动的地点、时间及主要内容要清楚明确。文中可以用些鼓动性的词语,但不可夸大其词。
2. 文字简洁明了,篇幅短小精悍。
3. 海报的版式可以做些艺术性的处理,以吸引观众。

## 课堂练习

### 训练一　根据文意给下列语段添加点号

1. 好几次在电视节目中听见节目主持人问对方"你叫什么"(　　)我很反感(　　)如果对方是一个小孩儿(　　)回答说"我叫毛毛"(　　)"我是珍珍"(　　)那倒也显得比较亲切(　　)但如果对方是一位有名有姓的成年人(　　)这种问法就显得太粗鲁(　　)我国祖传的语汇是很丰富的(　　)传统的"请问尊姓大名"(　　)或白话一些(　　)"请问您的姓名"(　　)这不是迂腐而是应有的文明礼貌(　　)我们应把公安部门审问罪犯时的第一句话"你叫什么(　　)"和日常交往的语句区别开来(　　)

2. 要做到不相信流言(　　)需加强自身修养(　　)提高判断能力(　　)据一项调查(　　)男性比女性更易相信流言(　　)文化素质低的比文化素质高的更易相信流言(　　)个人经历不顺的人也容易听信流言(　　)当然(　　)这是就一般情况而言(　　)与上述情况相反的也不少见(　　)每个人应从自身的实际出发(　　)不断提高自己的思想道德和文化素质(　　)提高自己辨别是非的能力(　　)做一个不传播流言的人(　　)

## 训练二 病文修改

**1. 请根据启事的写作要求，指出下列启事中的不足之处，并进行修改。**

（1）

招领启事

刚才我在这里的马路边上捡到一只男式“东风”牌手表。表带是“坦克”式的，表带上还系着一根红丝带。这只表很新。丢表的叔叔阿姨请到站在这张通知下面的穿红裙子的小姑娘这里来领取。

（2）

寻物启事

今天早上九时左右，我在“天桥”商场不慎遗失钢笔一支。是“永生”牌，棕色外套，金笔头。捡到者请与卫生学校总务科艾力联系，电话67125526。很感谢。

市卫生学校艾力 九月十日

（3）

招领启事

本人捡到一只女式皮夹，请失主看到启事后，到红山中学高年级语文组认领。

红山中学 古丽

元月七日

（4）

寻物启事

昨天傍晚，本人在图书馆丢失一部三星手机。哪位同学捡到，请打电话通知本人前去认领。电话号码是22334455。当面感谢。

（5）

寻物启事

昨天下午，本人在教室自习，因走时匆忙，遗失一个背包，

内有一个钱包，现金200元，两本书，笔记本一个，一串钥匙。

哪位老师和同学捡到，请通知本人前去认领。电话号码是22334455。一定面谢。

语言系学生　巴尔肯

2010年5月10日

**2. 请根据声明的写作要求，指出下列声明中的不足之处，并进行修改。**

声　明

因某种原因，刘强不再担任我公司销售部副主任职务，并于2010年3月15日交接完毕。特此声明。

**3. 请根据海报的写作要求，指出下列海报中的不足之处，并进行修改。**

（1）

我校和××学院足球队在本校大操场进行友谊比赛，欢迎踊跃观赛。

（2）

特邀××学院××教授主讲沟通：××讲座形式：视频为主，辅以讲解。

讲座时间：××××年×月×日至×日，每晚×时至×时。

入场办法：×月×日起在本馆门口售票处售票，每票××元。

## 课后练习

### 一、思考题

1. 什么是标点符号？有何作用？
2. 点号包括哪几种？应如何书写？
3. 什么是启事？一般包括哪几部分？

4. 招领启事和寻物启事的区别是什么？
5. 什么是声明？一般包括哪几部分？
6. 事务类声明的正文包括哪些内容？
7. 什么是海报？一般包括哪几部分？
8. 海报的正文包括哪些内容？

## 二、综合练习题

1. 写出下列点号的名称并抄写。

| | | | | | | | | | | | | | | |
|---|---|---|---|---|---|---|---|---|---|---|---|---|---|---|
| 。 | | | | | | | | | | | | | | |
| ？ | | | | | | | | | | | | | | |
| ！ | | | | | | | | | | | | | | |
| ， | | | | | | | | | | | | | | |
| 、 | | | | | | | | | | | | | | |
| ； | | | | | | | | | | | | | | |
| ： | | | | | | | | | | | | | | |

2. 填写汉字。

（1）本人在校篮球场遗______汉语听力教材一本。

（2）昨天哪位同学在2号楼501教室拾到一本《高职汉语》，请与本人联系，电话号码是：1234567。非常感______。

（3）2008年5月12日，四川汶川发生里氏8.0级大地______。

（4）公司的工作条件很好，还为每名实习生提______了单独的宿舍。

（5）李娜从小被父母______爱，养成了娇小姐的脾气。

（6）同学们在轻松愉快的氛围中加______了对孔子的印象。

（7）为庆祝“五一”劳动节，人文学院特______办歌舞晚会。

（8）某喜欢抽烟的人多次决心戒烟，却总不见成效。他一边无可______何地嘀咕着，一边掏出一支烟美美地抽了起来。

（9）我深信，______虚的心是知识之源，是通往成功、责任和快乐之路。

（10）上个周末，我和朋友吃过早饭，就带上照相机去五四广场______照了。

3. 在下面两段话中，有几处汉语拼音。请根据上下文的意思，从A、B、C、D四个选项中选出最恰当的词语，并在指定的位置上填写代表正确答案的字母。

（1）去年3月是公司chénglì 5周年的日子，公司举办了一台晚会，组织了一个小型演讲比赛。因为是游戏性质的比赛，每个人都不以为然。公司里女同事多，在文字组织和biǎodá能力上，我不及她们，因此我特地准备了一份演讲稿。晚会当天，我站在台上口若悬河地演讲，台下掌声雷动。我chūsè的表现，引起总部来视察的美方总裁的guānzhù，晚会结束后，他问我是否愿意作为交换员工，到美国工作一年。按理说，像我这样刚工作两年的员工，是不能到美国交换工作的，但总裁认为，连游戏都 xìxīn 准备的人，是个可塑之材，破例将我列入交换名单。

(　　) A. 成立　B. 建立　C. 建成　D. 城立
(　　) A. 表达　B. 表现　C. 表示　D. 传达
(　　) A. 优秀　B. 特色　C. 出色　D. 突出
(　　) A. 关心　B. 关照　C. 注意　D. 关注
(　　) A. 精心　B. 细心　C. 仔细　D. 精细

(2) 战国时期，梁国有一位叫宋就的大夫。他曾在与楚国相邻的一个小县当县令。两国的边境都种瓜。梁人 qínkuai，每天都挑水浇地，瓜的长势很好。楚人 lǎnduò，不常浇灌，却又出于嫉妒之心，常趁天黑偷偷去糟蹋梁人的瓜秧。梁人发现后非常恼火，请示宋就，是不是也要去践踏楚人的瓜秧。宋就回答说："为什么要这样呢？仇怨是灾祸的根由。因为别人嫉恨你，你就去 bàofu 别人，这太偏执啦！"随后，他派人每晚悄悄地去为楚人浇灌瓜地。楚人清早到瓜地 chákàn，发现总是有人给瓜地浇水，瓜秧长得一天比一天好，觉得很奇怪，就留意观察，发现原来是梁人干的。这事很快传到楚王的耳中，楚王深受感动，便主动与梁国和好，并对梁国有如此好的官员表示 zànshǎng。梁王见宋就为梁楚的友好往来立了大功，也重重地赏赐了他。

(　　) A. 勤奋　B. 刻苦　C. 勤劳　D. 勤快
(　　) A. 懒汉　B. 偷懒　C. 懒惰　D. 赖虫
(　　) A. 抱负　B. 报复　C. 抱怨　D. 复仇
(　　) A. 茶看　B. 察看　C. 观察　D. 检查
(　　) A. 赞扬　B. 赞赏　C. 赞美　D. 欣赏

4. 修改病句。

(1) 本人不小心，在电影院看电影时丢一个钱包。

________________________________________。

(2) 经过学习，他已经熟练了操作技术。

________________________________________。

(3) 我拾到一张银行卡，请失主到我们班来拿走。

________________________________________。

(4) 这个声明发出后，一切有关的行为，本人概不负责。

________________________________________。

(5) 因为你经常锻炼，身体就会健壮起来。

________________________________________。

5. 连词成句。

(1) 启事　请　学生科　到　后　看到　认领　失主

________________________________________。

(2) 门口　在　拾到　内有　男式　衣物　昨晚　一只　提包　本店　一些

________________________________________________。

(3) 乘坐　本人　时　身份证　昨天　将　公共汽车　遗失　不慎　下午

________________________________________________。

(4) 自 刘伟　起　一切　声明　的　之日　同志　我公司　行为　无关　与

________________________________________________。

(5) 陈星　特邀　学院　学习　汉语　主讲　教授　方法

________________________________________________。

## 三、写作实践训练

**1. 根据文意给下列语段添加点号。**

(1) 余光中面海低语(　　)“在台北时办公室也靠海(　　)不过是靠着台湾东海岸(　　)我看着太平洋有什么意思(　　)看美国有什么意思(　　)现在我凭窗而立(　　)便可直视海峡西面(　　)尽管身在台湾(　　)但我可以眺望对面的香港(　　)可以一生守望着我的大陆(　　)”

(2) 在长江上(　　)瞿塘峡像一道闸门(　　)峡口险阻(　　)巫峡像一条迂回曲折的画廊(　　)每一曲(　　)每一折(　　)都像一幅绝好的风景画(　　)神奇而秀美(　　)西陵峡水势险恶(　　)处处是急流(　　)处处是险滩(　　)

**2. 情景模拟。**

(1) 招领启事

古丽在学校阅览室学习时，捡到了一个手提包，里面有钱包、手机和几本书等物品。

(2) 寻物启事

艾力在学校篮球场打篮球，走时忘拿自己的背包了，里面有钱包、手机和手表等物品。

(3) 遗失声明

古丽不慎于 2010 年 5 月 13 日遗失中信银行信用卡一张，卡号为 4041580000187918，发卡日期是 2010 年 3 月 24 日。

(4) 海报

“十一”将临，学校为庆祝国庆节，将举行一场男篮邀请赛。

**生命与探索**

① 生命的全部意义在于无穷地探索尚未知道的东西。

——(法)左拉

# 第三课

## 学习提示

**学习目标**：明确标号的用法及书写要求，并能正确运用和书写标号；了解一般书信和电子邮件的书写规范，能根据实际情况写出规范的书信和电子邮件。

**学习重点**：标号的用法及书写要求；一般书信和电子邮件的书写规范。

## 写作基础知识·标点符号(二)

**【例文】**

### 一封“家书”

寂静的自习课堂上，我悄悄走过一女生的身旁。她神情专注，以致我走到她的身边她都丝毫没有察觉。她聚精会神、埋头苦干的劲头让我忍不住瞟了她一眼。突然，我感觉有情况：她正在红信纸上写着什么。凭我十几年做班主任的洞察力，我还发现了信纸开头的几个字：“亲爱的……”我一惊，“莫非珍珍……”我不假思索地把手伸向了那张信纸。珍珍一哆嗦，显然被我的举动吓了一跳。不待珍珍用胳膊来掩藏，那张信纸已成为我手中的“俘虏”。

珍珍情不自禁地“啊”了一声，脸色通红，显然是无比难堪。她的神态已告诉我：这一定是一封情书。我草草地看了一眼那张信纸，果不其然，确实是情书——是写给班上一位男生的情书。

珍珍的叫声和我的举动立即引来了几十道注视的目光。有些同学在窃窃私语，我知道他们在说些什么。更有几个调皮的同学直接问我：“老师，那张纸上写的是什么呀？能不能读给我们听听？”我又看了一眼珍珍，她的脸已贴在了桌面上，耳根通红，肩头抖动。是发抖？还是哭泣？我在心底暗暗埋怨：“珍珍啊珍珍！你怎么能……”

班上的喧闹声更大了。我明白：不给他们一个明确的答复，这些“调皮鬼”们是不会“善罢甘休”的。为了还珍珍一个“清白”，于是，我大声说：“请同学们静下来。这是一封‘家书’，现在我就给同学们读一下这封信！”我看了一眼珍珍，我担心她会泣不成声，我担心她会夺门而出。我在心里默默地说：“珍珍啊珍珍，你可要挺住啊！”

我高声读道：

亲爱的爸爸、妈妈：

你们好！

此时，我正坐在明亮的教室里给你们写信，你们也许正面朝黄土背朝天地在地里劳作，你们也许正推着装满蔬菜的小车在城市的大街小巷里叫卖，你们也许正在为我的学费而煞费苦心，你们也许……每每想到这些，我就想流眼泪，因为我学习还不够专心，因为我还没有用优异的学习成绩来换取你们舒心的笑容，因为我还没有成为一个让你们真正放心的好孩子。

爸爸、妈妈，我知道你们对我的期望很高，我知道你们为啥白了头发，我知道我成长的每一步，都浸透着你们的血汗，我知道你们用自己的生命来哺育着我的生命，我知道你们爱我胜过爱自己。

我悔恨自己辜负了你们的厚爱，我悔恨自己浪费了太多的时间，我悔恨自己曾经欺骗过你们，我悔恨自己曾游戏过青春，我悔恨自己用任性在你们的额头上刻下了条条皱纹，我悔恨自己用无知染白了你们的缕缕黑发……

亲爱的爸爸妈妈，请相信我：我一定会把失去的时间再夺回来，我一定会把属于自己的荣誉再争回来。我一定会做一个让你们永远放心的好女儿！

亲爱的爸爸妈妈，这个星期天回家，我好想为你们唱一首《烛光里的妈妈》。

读着，读着，我自己也突然被这个美丽的谎言打动了。我嗓音沙哑，不得不停下来。

教室里，突然掌声四起。

珍珍也仰起头来，满眼的泪水。

这次意外，让我突然明白：原来错误也可以如此美丽！

（作者：邵明法　摘自《班主任之友》2006年第4期）

## 生词

| | | | | | |
|---|---|---|---|---|---|
| 1. 寂静 | （形） | jìjìng | 15. 情不自禁 | | qíng bù zì jīn |
| 2. 悄悄 | （副） | qiāoqiāo | 16. 通红 | （形） | tōnghóng |
| 3. 专注 | （形） | zhuānzhù | 17. 难堪 | （形） | nánkān |
| 4. 以致 | （连） | yǐzhì | 18. 草草 | （副） | cǎocǎo |
| 5. 丝毫 | （形） | sīháo | 19. 果不其然 | | guǒ bù qí rán |
| 6. 察觉 | （动） | chájué | 20. 窃窃私语 | | qièqiè sī yǔ |
| 7. 聚精会神 | | jù jīng huì shén | 21. 调皮 | （形） | tiáopí |
| | | | 22. 贴 | （动） | tiē |
| 8. 瞟 | （动） | piǎo | 23. 抖动 | （动） | dǒudòng |
| 9. 凭 | （动） | píng | 24. 发抖 | （动） | fādǒu |
| 10. 洞察力 | （名） | dòngchálì | 25. 暗暗 | （副） | àn'àn |
| 11. 不假思索 | | bù jiǎ sī suǒ | 26. 喧闹 | （动） | xuānnào |
| 12. 哆嗦 | （动） | duōsuo | 27. 善罢甘休 | | shàn bà gān xiū |
| 13. 掩藏 | （动） | yǎncáng | | | |
| 14. 俘虏 | （名） | fúlǔ | 28. 清白 | （形） | qīngbái |

| | | | | | |
|---|---|---|---|---|---|
| 29. 泣不成声 | | qì bù chéng shēng | 36. 期望 | （动） | qīwàng |
| | | | 37. 浸透 | （动） | jìntòu |
| 30. 默默 | （副） | mòmò | 38. 哺育 | （动） | bǔyù |
| 31. 劳作 | （动） | láozuò | 39. 悔恨 | （动） | huǐhèn |
| 32. 大街小巷 | | dà jiē xiǎo xiàng | 40. 辜负 | （动） | gūfù |
| | | | 41. 厚爱 | （名） | hòu'ài |
| 33. 叫卖 | （动） | jiàomài | 42. 任性 | （形） | rènxìng |
| 34. 煞费苦心 | | shà fèi kǔxīn | 43. 缕缕 | （形） | lǚlǚ |
| 35. 舒心 | （形） | shūxīn | 44. 沙哑 | （形） | shāyǎ |

◎【例文评析】

文章标点符号使用准确，书写规范。

这是一篇有内涵、有思想、有文采的好记叙文。文章中加入了一封书信，这是本文的一大特色。细致入微的心理描写、动作描写、语言描写真实地反映了校园的生活，给读者留下深刻印象。书信的内容感情真挚，发人深省。

## 标号

### 一、标号的作用及种类

标号的作用主要是标明语句的性质和作用。常用的标号有8种：引号（“”‘’）、括号（（））、破折号（——）、省略号（……）、着重号（.）、连接号（—）、间隔号（·）、书名号（《》）。

### 二、标号的形式和用法

1. 引号

引号分为双引号“ ”和单引号‘ ’。行文中直接引用的话，用引号标示；需要着重论述的对象，用引号标示；具有特殊含义的词语，也用引号标示。引号里面还要用引号时，外面一层用双引号，里面一层用单引号。例如：

张老教导他的学生说：“一定要采取实事求是的态度，‘知之为知之，不知为不知’，不要强不知以为知。”

2. 括号

括号常用的形式是圆括号（ ），此外还有方括号[ ]、六角括号〔 〕和方头括号【 】。行文中注释性的文字，用括号标明。注释句子中某词语的，括注紧贴在被注释词语之后；注释整个句子的，括注放在句末标点之后。例如：

中国猿人（全名为“中国猿人北京种”，或简称“北京人”）在我国的发现，是对古人类学的一个重大贡献。

3. 破折号

破折号的形式为——。行文中解释说明的语句，用破折号标明；话题突然转变，用破折号标明；声音延长，象声词后用破折号；事项列举分承，各项之前用破折号。例如：

亚洲大陆有世界最高的山峰——珠穆朗玛峰。

"呜——"火车开动了。

4. 省略号

省略号的形式为……，六个小圆点，占两个字的位置。如果是整段文章或诗行的省略，可以使用十二个小圆点来表示。引文的省略，用省略号标明；列举的省略，用省略号标明；说话断断续续，可以用省略号标示。例如：

我悔恨自己用无知染白了你们的缕缕黑发……

5. 着重号

着重号的形式为 .。要求读者特别注意的字、词、句，用着重号标明。例如：

解释句中带点词语的意思：要提起这个人没有一个不认识的。

6. 连接号

连接号的形式为 —，占一个字的位置，连接号还有另外三种形式，即长横——（占两个字的位置）、半字线 -（占半个字的位置）、浪纹～（占一个字的位置）。

两个相关的名词构成一个意义单位，中间用连接号。相关的时间、地点或数目之间用连接号表示起止；相关的字母、阿拉伯数字等之间用连接号，表示产品型号；几个相关的项目表示递进式发展，中间用连接号。例如：

鲁迅（1881-1936），中国现代伟大的文学家、思想家和革命家。原名周树人，字豫才，浙江绍兴人。

7. 间隔号

间隔号的形式为 ·。外国人和某些少数民族人名内各部分的分界，用间隔号标示；书名与篇（章、卷）名之间的分界，用间隔号标示。例如：

《钢铁是怎样炼成的》作者是苏联作家尼古拉·阿历克塞耶维奇·奥斯特洛夫斯基。

8. 书名号

书名号分为双书名号《 》和单书名号〈〉。书名、篇号、报纸名、刊物名等，用书名号标示。书名号中还要用书名号时，外面一层用双书名号，里边一层用单书名号。例如：

亲爱的爸爸妈妈，我好想为你们唱一首《烛光里的妈妈》。

## 三、标号的位置

引号、括号、书名号的前一半不出现在一行之末，后一半不出现在一行之首。破折号和省略号都占两个字的位置，中间不能断开。连接号和间隔号一般占一个字的位置。这四种符号上下居中。着重号标在字的下边，可以随字移行。

## 四、标号的书写范例

| | | | | | | | | | | | | | | | | | | | |
|---|---|---|---|---|---|---|---|---|---|---|---|---|---|---|---|---|---|---|---|
| 1. | “ | 满 | 招 | 损 | ， | 谦 | 受 | 益 | ” | 这 | 句 | 格 | 言 | ， | 流 | 传 | 到 | 今 | 天 |
| | 至 | 少 | 有 | 两 | 千 | 年 | 了 | 。 | | | | | | | | | | | |
| 2. | 中 | 国 | 猿 | 人 | （ | 简 | 称 | 为 | “ | 北 | 京 | 人 | ” | ） | 在 | 我 | 国 | 的 | 发 |
| | 现 | ， | 是 | 对 | 古 | 人 | 类 | 学 | 的 | 一 | 个 | 重 | 大 | 贡 | 献 | 。 | | | |
| 3. | 我 | 国 | 的 | 四 | 大 | 发 | 明 | —— | | 火 | 药 | 、 | 印 | 刷 | 术 | 、 | 指 | 南 | 针 |
| | 和 | 造 | 纸 | 术 | 对 | 世 | 界 | 历 | 史 | 的 | 发 | 展 | 有 | 伟 | 大 | 的 | 贡 | 献 | 。 |
| 4. | “ | 我 | … | … | 对 | 不 | 起 | … | … | 大 | 家 | ， | 我 | … | … | 没 | 有 | … | … |
| | 完 | 成 | … | … | 任 | 务 | 。 | ” | | | | | | | | | | | |
| 5. | 事 | 业 | 是 | 干 | 出 | 来 | 的 | ， | 不 | 是 | 吹 | 出 | 来 | 的 | 。 | | | | |
| 6. | 人 | 类 | 的 | 发 | 展 | 可 | 以 | 分 | 为 | 古 | 猿 | — | 猿 | 人 | — | 古 | 人 | — | 新 |
| | 人 | 这 | 四 | 个 | 阶 | 段 | 。 | | | | | | | | | | | | |
| 7. | 列 | 奥 | 纳 | 多 | · | 达 | · | 芬 | 奇 | 、 | 爱 | 新 | 觉 | 罗 | · | 努 | 尔 | 哈 | 赤 |
| 8. | 《 | 〈 | 中 | 国 | 工 | 人 | 〉 | 发 | 刊 | 词 | 》 | 发 | 表 | 于 | 一 | 九 | 四 | 零 | 年 |
| | 二 | 月 | 七 | 日 | 。 | | | | | | | | | | | | | | |

## 应用文写作·一般书信　电子邮件

### 【例文一　一般书信】

小燕：①

你好！②周末之夜，你一定又在灯下欣赏你心爱的邮集吧。怎么样？又添新宝贝了吧。

此刻，我刚检阅完邮票，乘着兴致给你写信，告诉你急于要知道的事情——③

今天上午放学后，我到邮局领取汇款。我那篇《营救座头鲸》在这次全国“未来作家”征文（童话）大奖赛中获得二等奖，我在厦门的姐姐闻讯特意汇来200元钱，说是给我“发奖金”。取款后，我又习惯地走向隔壁的集邮门市部，只见那里挤满了人。一看这阵势，就知道又有新邮票出售，我赶紧跑过去。刚挨近人群，就看见一老一幼从人缝里钻出来，那老人手拿两大版新邮票，兴奋地往包里装。我心里嚷道：“好家伙！两大版，得多少钱！”正当我暗自惊叫时，老人身旁那六七岁的小孩儿也叫了起来了：“爷爷，这种邮票干吗买这么多呀？您以前都只买一套啊！”老人笑着说：“宁宁，这套邮票不一般，叫《赈灾》，我们买这套邮票的钱，邮局的叔叔阿姨们会全数送到灾区去，捐献给灾区人民的。”我一拍大腿，恍然大悟：“哦，今天是邮局发行《赈灾》邮票的日子！”上个月电视上就报道了，邮电部决定在今年9月14日发行《赈灾》特种邮票，一套一枚，面值 80 分，在全国各地发售 1500 万套。邮电部将把发行收入 1200 万元全部捐给中国国际减灾十年委员会，支援灾区恢复生产，重建家园，以表达全国 100 万邮电职工的一片心意。我正回想着，又听到小孩儿问：“爷爷，买这邮票的钱，就是送到被洪水淹了家的人那里去吗？”“对，对！”老人连声说。小孩儿听了，抿着小嘴往柜台里张望，忽然伸手从衣袋里掏出一块钱说：“爷爷，这是您给我买雪糕的钱，我不买雪糕了，也买一套‘救灾’邮票吧！”小孩儿把“赈灾”说成“救灾”。老人先是一怔，接着便笑了，周围的人也笑了。小孩儿买了邮票，和爷爷高高兴兴地离去。望着他们，我心中涌起一股暖流——小燕，我想你也会的——随即，我挤进人群，买了十套“赈灾”邮票。我捧着手中的邮票，端详着它意味深长的画面：茫茫的大地上，两只巨手紧紧相握，组成一颗火红的心。上边是“一方有难，八方支援”八个激动人心的大字，一股暖流涌上心头。是啊，只有在我们社会主义国度里，才会出现这种“天无情人有情”、“天有灾人无难”的奇迹！④

小燕，我将永远珍藏这十套“特种邮票”。每当我看到它，就会重温广大邮电职工的一片深情，就会感受到人民邮电为人民的深情，社会主义祖国的温馨。我的邮友，你说呢？⑤

祝你

学习进步！集邮丰收！⑥

小丽⑦

9 月 14 日深夜⑧

## 【注释】

① 称呼　　② 问候语　　③ 连接语

④ 正文　　⑤ 结语　　⑥ 祝愿语

⑦ 署名　　⑧ 日期

## ◎【例文评析】

这是一封写给邮友的信。文章以小见大，反映了全国人民团结一致，大力支援灾区的感人事迹，歌颂了“一方有难，八方支援”的友爱互助精神，歌颂了社会主义制度的优越性，表现了当代学生的社会责任感。

## 【例文二　信封】

8 3 0 0 1 1①

新疆机电职业技术学院教务处②

古　丽　　收③

邮票

新疆师范大学汉语教育学院④

8 3 0 0 5 4⑤

## 【注释】

① 收信人邮编　　② 收件人地址

③ 收信人姓名　　④ 寄信人地址

⑤ 寄信人邮编

## ◎【例文评析】

信封的书写内容包括五个部分:在信封左上方第一行写收信人邮编,第二行写收信人地址。在信封正中间第三行写收信人姓名。姓名之后可以写称呼,如:同志、先生、女士等,但不能写亲属称谓,如:爷爷、爸爸等。在第四行写寄信人地址和姓名,偏右。寄信人姓名可以不写。在信封右下方,即最下一行写寄信人邮编。

## 【例文三　电子邮件】

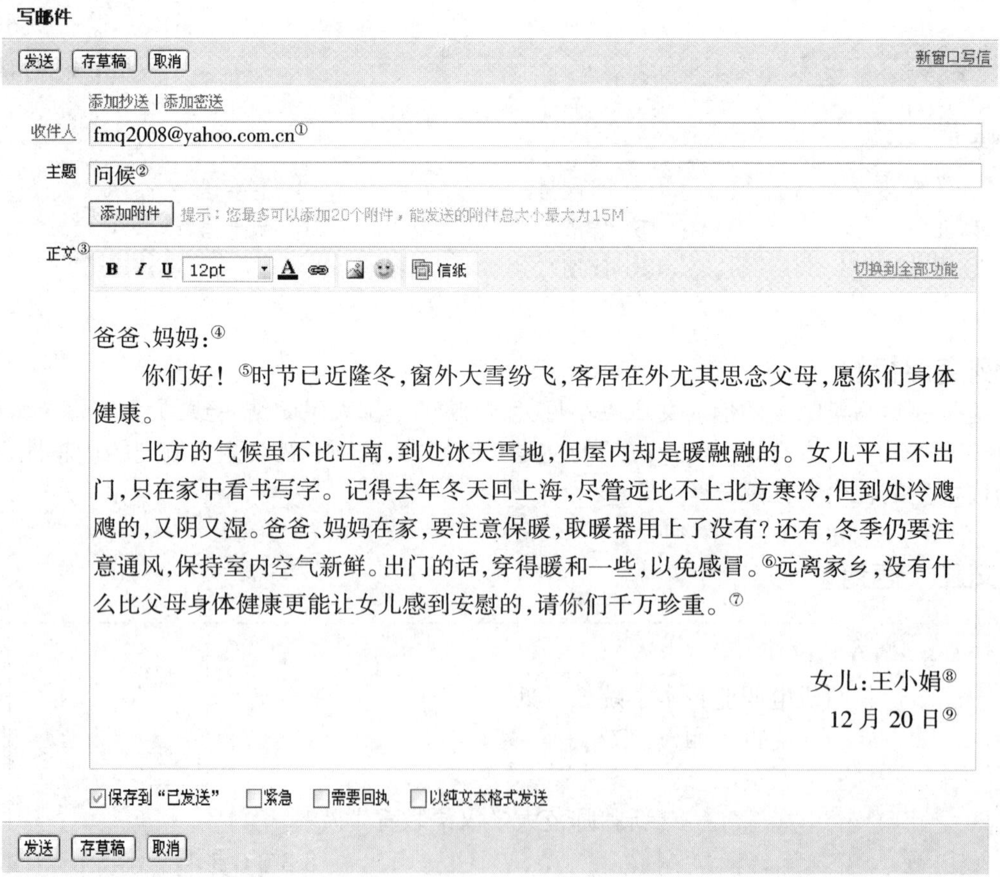


收件人：fmq2008@yahoo.com.cn①

主题：问候②

爸爸、妈妈:④

你们好! ⑤时节已近隆冬,窗外大雪纷飞,客居在外尤其思念父母,愿你们身体健康。

北方的气候虽不比江南,到处冰天雪地,但屋内却是暖融融的。女儿平日不出门,只在家中看书写字。记得去年冬天回上海,尽管远比不上北方寒冷,但到处冷飕飕的,又阴又湿。爸爸、妈妈在家,要注意保暖,取暖器用上了没有?还有,冬季仍要注意通风,保持室内空气新鲜。出门的话,穿得暖和一些,以免感冒。⑥远离家乡,没有什么比父母身体健康更能让女儿感到安慰的,请你们千万珍重。⑦

女儿:王小娟⑧

12 月 20 日⑨

【注释】

① 收件人的电子邮箱名。邮件的接收者,相当于收信人

② 邮件的主题,即这封邮件的标题

③ 邮件的正文,即信件的内容

④ 称呼　　⑤ 问候语

⑥ 正文　　⑦ 祝愿语

⑧ 署名　　⑨日期

◎【例文评析】

这是一封电子邮件,主题是问候,收件人明确。这封邮件中,身居异乡的女儿在寒冷的冬天思念着双亲,写邮件给父母表示关心和问候,并叮嘱父母注意身体。这封邮件要素齐全,内容虽简短,但情深意切。

## 一般书信

### 一、一般书信的概念

一般书信是私人之间互通情况、交流思想、商量事情的一种应用文。

### 二、一般书信的写作格式

一般书信由称呼、问候语、正文、祝愿语、署名和日期等几个部分构成。

**(一)称呼**

称呼是对收信人的称呼,在信纸首行顶格写,其后用":"(冒号),表示下面有话说。

为了表示尊敬、亲切,可在称呼前加上"尊敬的"或"亲爱的" 等词,这由写信人与收信人关系的亲疏远近而定。

**(二)问候语**

问候语写在称呼的下一行,前面空两格,可以自成一段。

问候是对收信人的一种礼节,体现写信人对收信人的关心。一般对长者多问候身体,对中年人多问候事业和家庭,对青年人多问候爱情和学业,对少年儿童多祝愿健康成长。

**(三)正文**

正文在问候语的下一行空两格写。一般可分为连接语、主体文和总括语三部分。连接语一般是说明写信的目的,既可以写在问候语之后,也可以另起一行空两格写。主体文是书信的主要部分,即写信人要说的话、要办的事。主体文写在连接语之后,一般一件事写一段,每一段开头空两格写。总括语是在主体文将要结束时对全信内容的总结,其作用是使收信人加深印象。根据书信的内容,总括语可以写,也可以不写。

**(四)祝愿语**

祝愿语是在书信的结尾,表示对收信人的敬意、祝愿或勉励,以示礼貌。

一般性的祝词是"此致　敬礼",格式是在正文之后另起一行空两格写"此致",下一行顶格写"敬礼"。 一般来说,要根据收信人的身份写祝愿语:给长者的信写"祝您健康长寿",给朋友的信写"祝工作顺利",给晚辈的信写"祝学习进步" ,等等。

**（五）署名和日期**

署名和日期写在书信的右下方，可以写在一行中，也可以分两行写，即写信人的姓名写在上行，姓名正下方写日期。根据写信人与收信人的关系，在姓名前可表明身份，如“学生 ××× ”、“儿 ×× ”等。

| | | | | | | | | | | | | | | | | | |
|---|---|---|---|---|---|---|---|---|---|---|---|---|---|---|---|---|---|
| 称 | 呼 | ： | （ | 首 | 行 | 顶 | 格 | 写 | ） | | | | | | | | |
| | | 问 | 候 | 语 | ！ | （ | 空 | 两 | 格 | 写 | ） | | | | | | |
| | | 正 | 文 | 连 | 接 | 语 | 。 | （ | 空 | 两 | 格 | 写 | ） | | | | |
| | | 正 | 文 | 主 | 体 | 文 | 。 | （ | 空 | 两 | 格 | 写 | ） | | | | |
| | | 正 | 文 | 总 | 括 | 语 | 。 | （ | 空 | 两 | 格 | 写 | ） | | | | |
| | | 祝 | 愿 | 语 | ！ | （ | 空 | 两 | 格 | 写 | ） | | | | | | |
| | | | | | | | | | | | | | | | | | |
| | | | | | | | | | | | | | | | | | |
| | | | | | | | | | | | 署 | 名 | （ | 右 | 下 | 方 | ） |
| | | | | | | | | | | | 日 | 期 | （ | 右 | 下 | 方 | ） |
| | | | | | | | | | | | | | | | | | |

## 电子邮件

### 一、电子邮件概念

电子邮件是用电子手段传送信息的通信方式。电子邮件综合了电话通信和邮政信件的特点，传送信息的速度和电话一样快，同时又能像信件一样使收信者在接收端收到文字和图画记录。

### 二、电子邮件的制作方法

电子邮件包括收件人、主题、正文和附件四个部分，制作方法如下：

（一）在“收件人”栏内填写收件人的电子邮箱名称，例如：guli2008@sina.com。

（二）根据邮件的内容，在“主题”栏内填写该电子邮件的主题，例如：询问、回复、祝贺等。“主题”可以是一个词语，也可以是一个短语，还可以是一个句子，但长度不能超过十七个汉字。

（三）在“正文”右边的信件窗口内填写信件内容，包括称呼、问候语、主体文、祝愿语、署名及日期几个部分。由于电子邮件一般使用非正式的文体，比一般书信随意一些，所以，除主体文外，信件的其他内容都可以省略不写。

（四）若有附件随信发送，可通过点击正文上方处的“添加附件”来进行添加。附件内容可以是文字，也可以是图像、声音等多种类型的文件。

**三、电子邮件正文部分写作要求**

电子邮件的正文是邮件的重要部分，其格式和内容与一般书信基本相同。第一行顶格写称呼，称呼后用“:”；第二行空两格写问候语；第三行空两格写主体文；主体文结束后另起一行空两格写祝愿语；署名和日期分两行写在窗口内的右下方。

## 课堂练习

### 训练一　根据文意给下列句子添加标点符号

1. 奶奶笑着说(　　)(　　)傻孩子(　　)又在数星星了(　　)(　　)

2. 中国猿人(　　)全名为“中国猿人北京种”(　　)或简称“北京人”(　　)在我国的发现(　　)是对古人类学的一个重大贡献(　　)

3. 迈进金黄色的大门(　　)穿过宽阔的风门厅和衣帽厅(　　)就到了大会堂建筑的枢纽部分(　　)中央大厅(　　)

4. 在广州的花市上(　　)牡丹(　　)吊钟(　　)水仙(　　)梅花(　　)菊花(　　)山茶(　　)墨兰(　　)春秋冬三季的鲜花都挤在一起啦(　　)

5. 我国秦岭(　　)淮河以北地区属于温带季风气候区(　　)夏季高温多雨(　　)冬季寒冷干燥(　　)

6. 爱新觉罗(　　)溥仪(　　)公元 1906(　　)1967 年(　　)(　　)是清朝的最后一位皇帝(　　)

7. 哦(　　)我差一点儿忘了(　　)明天是您的生日(　　)女儿已在电台为您点播了一首歌曲(　　)不老的爸爸(　　)(　　)爸爸(　　)祝您生日快乐(　　)

### 训练二　病文修改

**1. 请根据一般书信的写作要求，指出下列书信中的不足之处，并进行修改。**

敬爱的爷爷：

您好！近来身体好吗？我们已有几个月未见面了，我常常惦念着您。有时思念心切，我恨不得一下子飞到您的身旁，向您汇报我近来的情况，倾诉对您的思念之情。爷爷，通过您多年对我的谆谆教导，我各方面都有了很大的进步。目前，我各科成绩都很好，请勿挂念。我即将毕业，不久就要填报升学志愿，我准备报考师范学校。您同意吗？请您务必来信谈谈意见。

此致敬礼

孙××敬上

××××年×月×日

**2. 请根据信封的写作要求，指出下列信封中的不足之处，并进行修改。**

830011

新疆轻工业职业技术学院学生处的艾力哥哥　　收

新疆大学外语系的吐尔迪

830000

修改为：

## 课后练习

### 一、思考题

1. 标号包括哪几种？应如何书写？
2. 什么是一般书信？一般包括哪些部分？
3. 一般书信的书写格式是怎样的？
4. 信封应如何书写？
5. 什么是电子邮件？一般包括哪些部分？
6. 电子邮件的正文部分包括哪些内容？

## 二、综合练习题

1. 写出下列标号的名称并抄写。

| | | | | | | | | | | | | | | |
|---|---|---|---|---|---|---|---|---|---|---|---|---|---|---|
| 1. | “ | ” | | | | | | | | | | | | |
| | ‘ | ’ | | | | | | | | | | | | |
| 2. | （ | ） | | | | | | | | | | | | |
| 3. | —— | | | | | | | | | | | | | |
| 4. | … | … | | | | | | | | | | | | |
| 5. | . | | | | | | | | | | | | | |
| 6. | — | | | | | | | | | | | | | |
| 7. | · | | | | | | | | | | | | | |
| 8. | 《 | 》 | | | | | | | | | | | | |
| | 〈 | 〉 | | | | | | | | | | | | |

2. 填写汉字。

（1）来信收到，因为最近太忙，没能及时给你回信，请______解。

（2）今天是中秋佳节，也许此时您已准备好晚______，正焦急地等待女儿回家团圆。

（3）分别已有近半年时间，不知道你生活得怎样，我很惦______。

（4）生病的母亲每天都______盼着儿子的来信。

（5）祝你在学校里生活______心，学习进步。

（6）您在女儿心中伟大的形象、______高的威信，早已消失得无影无踪了。

（7）从来信中得知你在那里的情况不错，我也就______心了。

（8）每年高考都______现出不少优秀作文，在各种文体的优秀作文中最为出彩的要数议论性散文了。

（9）每当我在学习中遇到______折，灰心丧气时，我的眼前便浮现出母亲深夜为我插针、拉线做鞋的情景。

（10）温家宝总理在指挥抗震救灾时说："人民的生命高于一切，我们要不______一切代价抢救被掩埋和受伤的群众。"

3. 在每题的语句中有一或两处画横线处，题后有A、B、C、D四个选项，其中只有一个放入横线处可以使语句表达通顺。请在指定的位置上填写代表正确答案的字母。

（　　）（1）如果刻苦锻炼，______先天条件差一点儿，______可以获得学习上的良好成绩。

A. 于是……就……　　B. 即使……也……

C. 不但……还……　　D. 除了……也……

（　　）（2）餐桌上对孩子的迁就______会影响孩子摄入全面、充分的营养，______会使孩子养成任性、自私、难以自控等人见人厌的性格。

A. 不仅……而且……　　B. 不管……还是……

C. 即使……仍然……　　D. 如果……那么……

(　　)(3)字迹工整，______反映书写者的文化素质，______是对阅读者的尊重。

A. 既……又……　　B. 除……都……

C. 边……边……　　D. 虽……但……

(　　)(4)他总是忘我地工作，______身体。

A. 好好地从没自己爱护的过　　B. 自己好好地爱护过从没的

C. 爱护过自己从没好好地的　　D. 从没好好地爱护过自己的

(　　)(5)现在也顾不得这么多了，______。

A. 要紧送病人先去医院　　B. 先送病人去医院要紧

C. 先要紧病人送医院去　　D. 去医院先要紧送病人

4. 修改病句。

(1)前天收到你的来信，我真高兴了。

______________________________。

(2)来信中姐姐考上了研究生，祝贺姐姐。

______________________________。

(3)我喜欢吃很甜甜的月饼。

______________________________。

(4)请替我给你的父母问好。

______________________________。

(5)艾力才骑车骑了一个小时。

______________________________。

5. 连词成句。

(1)高兴　来信　很　收到　的　今天　你

______________________________。

(2)联系　近来　没　好久　不知　忙吗　身体　了　怎样　工作　你

______________________________。

(3)因　写到　关系　就　时间　今天　这儿

______________________________。

(4)一切　挂念　这儿　请　不要　都好　我

______________________________。

(5)问候　向　我的　小刘　转达　请

______________________________。

## 三、写作实践训练

**1. 根据文意给下列语段添加标点符号**

(1)相传(　　)朱元璋做了皇帝之后(　　)有两个幼时和他一起砍柴割草的穷朋友(　　)

兴高采烈地去找他(  )想投靠皇帝沾沾光(  )

在朝廷上(  )两个穷朋友见到朱元璋(  )一个开口就说(  )(  )还记得我们一起割草的时候吗(  )我们偷了一些蚕豆放到瓦罐里煮(  )没等煮熟(  )你就抢豆吃(  )把罐也打了(  )豆撒了一地(  )你抓一把撒在地上的豆就往口里塞(  )结果把一根草棒卡在喉咙里(  )多亏我俩找来片菜叶(  )叫你塞进嘴里硬咽(  )才把草棒吞下去了(  )不然(  )哪有今天啊(  )(  )朱元璋一听(  )顿时变了脸(  )忙喝武士将他推出去斩首(  )

接着(  )朱元璋又问另一个穷朋友(  )(  )你有什么说的(  )(  )这个穷朋友忙答道(  )(  )想当年(  )我跟随陛下东征西战(  )一把刀斩了多少(  )草头王(  )(  )陛下冲锋在前(  )抢先打破了(  )罐州城(  )(  )虽说逃走了(  )汤元帅(  )(  )但却逮住了(  )豆将军(  )(  )遇着(  )草霸王(  )挡住咽喉要道(  )多亏(  )菜将军(  )帮忙(  )不然(  )哪有今天啊(  )(  )朱元璋听了这人的话(  )转怒为喜(  )说(  )(  )这才是寡人的功臣哩(  )(  )并随即降旨(  )封他做了将军(  )

(2) 同一件事情(  )由于两人表述方法截然不同(  )其结果亦是迥然相异(  )前者实话实说(  )抖出了朱元璋过去的丑事(  )结果遭杀身之祸(  )丧身刀下(  )白送了性命(  )而后者善于修辞(  )妙用比喻(  )(  )草头王(  )(  )(  )罐州城(  )(  )(  )汤元帅(  )(  )(  )豆将军(  )(  )(  )草霸王(  )(  )(  )菜将军(  ),分明是跟随朱元璋打天下(  )过五关(  )斩六将(  )屡建战功(  )其结果赢得了朱元璋的欢心(  )死里逃生(  )同时还被封为将军(  )

**2. 写作训练**

(1) 请写出一般书信常用的问候语。

(2) 请写出一般书信常用的祝愿语。

(3) 请根据电子邮件的制作要求,填写下列电子邮件的内容。

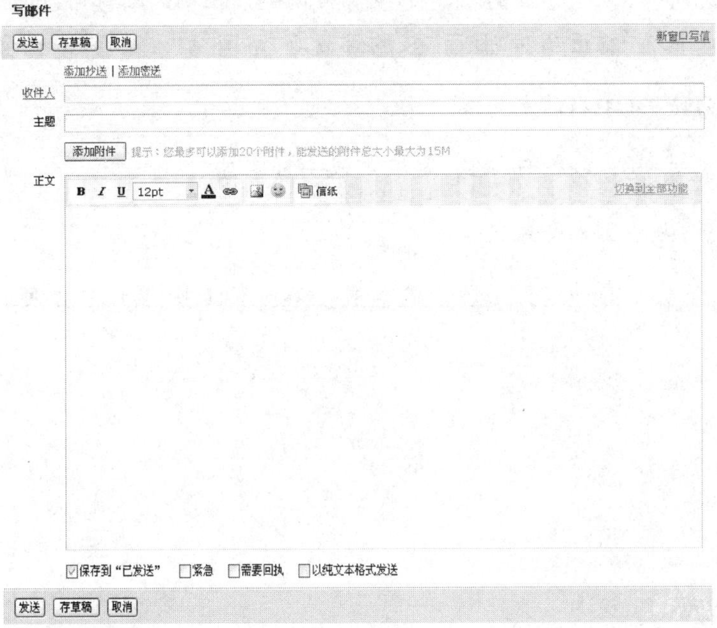

**3. 情景模拟**

（1）根据下面的提示，以老同学的身份给你的高中同学写一封回信（不少于350字）。

昨天收到高中同学李芳的一封信，信中说她因报考志愿的失误，没有被自己理想中的大学录取，最后被一所高职院校录取，自己很不满意，又不想复读，勉强来到了这所高职院校。进校以后，发现这里和自己心目中的大学完全不一样，心中的落差很大，整天闷闷不乐，性格改变了许多。原来不上网吧的她，现在天天泡网吧；原来志向远大的她，现在无所事事。信中甚至说她一度有过退学的想法。

（2）制作一封电子邮件，包括收件人、主题、正文三部分。

**读书篇**

① 生活里没有书籍，就好像没有阳光；智慧里没有书籍，就好像鸟儿没有翅膀。
——（英）莎士比亚

② 读一本好书，就是和许多高尚的人谈话。 ——（德）歌德

③ 不要阅读信手拈来的书，而要严格加以挑选。要培养自己的趣味和思维。
——（俄）屠格涅夫

④ 理想的书籍是智慧的钥匙。 ——（俄）托尔斯泰

⑤ 书籍是苦难者甜蜜的无可非议的伴侣，即使它不能把你引向幸福，至少可以教我们去忍耐艰苦的生活。 ——（英）戈德·史密斯

⑥ 在无需细读的时候，学会略读的技巧是很有帮助的。正确的略读可使人用很少的时间接触大量的文献，并挑选出特别有意义的部分。 ——（英）贝弗里奇

⑦ 立身以立学为先，立学以读书为本。 ——（北宋）欧阳修

⑧ 饭可以一日不吃，觉可以一日不睡，书不可以一日不读。 —— 毛泽东

⑨ 读过一本好书，像交了一个益友 —— 臧克家

⑩ 读书破万卷，下笔如有神。男儿须读五车书。必须多读书，多读书才可以增益见闻。
—— 徐特立

# 第四课

## 学习提示

**学习目标**：给出一幅或一系列图画，学生根据图中所给出的情景，按照提示的要求，写出前后连贯、相对完整的短文；了解介绍信、证明信、邀请信的格式特点，能够按照标准格式熟练写作运用。

**学习重点**：看图写作的写作技巧；介绍信、证明信、邀请信的写作格式。

## MHK 写作·看图写作

**【例文】**

请仔细观察下面的图片，自拟题目，写一篇短文，全文不少于350字。

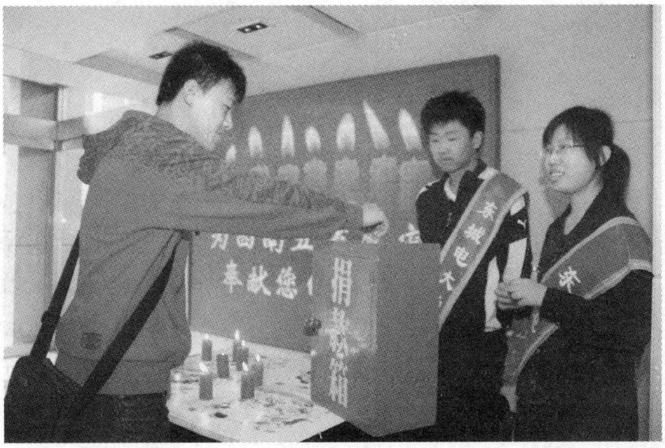

## 一方有难，八方支援

看到这幅照片，我们不由自主地会想到四川汶川县发生的那场让中国人刻骨铭心的大灾难。

2008年5月12日14时28分，中国汶川发生了里氏8.0级特大地震。一场突如其来的特大自然灾害，造成了几万人死亡，数十万人受伤或无家可归。中国人民的心在这一刻连在了一起。一方有难，八方支援，全国人民共同奏响了一曲中华民族众志成城、同舟共济、共渡难关的正气之歌。

灾难发生了，全国震惊了！世界震惊了！来自四面八方的爱心交织在一起，火速向四川地震灾区集结，涌现出了许多惊天地泣鬼神的动人事迹。救援队赶来了，医疗队赶来了，温总理也在第一时间赶来了！所有热血的人们纷纷向灾区伸出援助之手，出钱，出力，献血……每一分钱币都带着体温，每一管血液都流淌着爱心，每一件衣物都表达着爱意。霎那间，救援物资如雪花般飞到灾区，世界各国也纷纷伸出援助之手。这一切充分体现了万众一心，众志成城的伟大力量。

我也是这条爱心河中的一滴水，我把我当月的生活费都捐给了灾区。我们全班捐款900多元。我在报纸上还看到了一位乞讨的老人捐了105元，感动得热泪盈眶。

一方有难，八方支援。我们坚信"人心齐，泰山移"。有了我们的付出，有了我们的参与，有了我们大家的爱，灾难的五月一定会变成爱的春天！

我还相信：这一幅照片，还有前方记者冒着生命危险为我们发回的一幅幅催人泪下的画面，都将珍藏在我们每个人的心中，成为我们永恒的记忆。

### 生词

1. 一方有难，八方支援 yì fāng yǒu nàn，bā fāng zhī yuán
2. 刻骨铭心 kè gǔ míng xīn
3. 里氏 （名） lǐshì
4. 突如其来 tū rú qí lái
5. 众志成城 zhòng zhì chéng chéng
6. 同舟共济 tóng zhōu gòng jì
7. 难关 （名） nánguān
8. 正气 （名） zhèngqì
9. 震惊 （动） zhènjīng
10. 四面八方 sì miàn bā fāng
11. 交织 （动） jiāozhī
12. 火速 （副） huǒsù
13. 惊天地，泣鬼神 jīng tiāndì，qì guǐshén
14. 救援 （动） jiùyuán
15. 流淌 （动） liútǎng
16. 霎那 （名） shànà
17. 万众一心 wànzhòng yìxīn
18. 热泪盈眶 rèlèi yíng kuàng

| | | | | |
|---|---|---|---|---|
| 19. 人心齐，泰山移 | rénxīn qí, tàishān yí | 21. 珍藏 | （动） | zhēncáng |
| 20. 催人泪下 | cuī rén lèi xià | 22. 永恒 | （形） | yǒnghéng |

◎【例文评析】

这是抗震救灾许许多多照片中最普通的一张。作者根据画面，自拟题目为“一方有难，八方支援”，这个标题既能概括画面的内容，也能代表当时全国人民面对灾难表现出的共同心愿。作者围绕这个主题，描述了在灾难面前全国人民在总理的感召下涌现出的可歌可泣的事迹。最后，作者结合自己的实际，发表了议论。文章结构严谨，开头结尾两次点题，中心突出，内容深刻。

## 看图写作

### 一、看图写作的概念

看图写作是通过对一幅或一组图画的观察、分析，展开合理想象，写成一篇完整的文章。它是作文的一种常见形式，主要考查学生的观察能力、想象能力和有条理的思维能力。

### 二、看图写作的写作方法

看图写作可以分为三个步骤：一看，二想，三构思。

一看：

1. 先从整体看。看完了想一想什么时间、什么地点、什么人、在干什么。

2. 仔细看。按一定的顺序再看一遍，如从上到下，从左到右，从前到后，从里到外，从远到近，或从中间到四周，或从景到人，从人到景。这一次看，要找出主要人物，并弄清楚他的外貌（长得什么样，穿的什么）、表情（高兴还是悲伤）、动作等。

二想：

3. 想画里。想一想画里的人物会说什么，是什么身份，从事什么职业。

4. 想画外。想象一下画面之前可能会发生什么，之后又可能发生什么。

三构思：

5. 如何安排详略。一幅画儿，不能平均用力来写，要弄清楚主角与配角及重点。故事的发生、结尾要略写，故事的发展、高潮要详写。主角要多写一些，配角可少写一些。

6. 如何写生动。画面是静止的，如果你就照画面上去叙述，很容易平淡无味，我们要注意观察，合理想象，要让静止的画动起来，把单调的画面写得充实起来，如使人物开口说话，开展心理活动，使景物具有色彩等。

### 三、看图写作的注意事项

1. 看得要全面、准确、细致、注意细节。

2. 根据画面展开的想象要合理。

3. 写作的内容既不能脱离画面，也不能拘泥于画面，要以画面为起点展开合理的想象和论述。

## 应用文写作·介绍信　证明信　邀请信

【例文一　介绍信】

介绍信①

华信咨询公司负责同志：②

兹介绍我所副研究员、高级工程师张涛、艾尼瓦尔两位同志前往贵公司洽谈有关合作事宜，③请予以接洽为荷。④

新型实用技术研究所⑤（公章）⑥

2011年10月12日⑦

（有效期拾天）⑧

【注释】

| | | |
|---|---|---|
| ① 标题 | ② 称谓 | ③ 正文 |
| ④ 结尾 | ⑤ 单位名称 | ⑥ 公章 |
| ⑦ 日期 | ⑧ 有效期 | |

◎【例文评析】

这是一封用于联系普通事务的介绍信。它准确地介绍了前往的对象、人数、办理的事项。条理清楚，格式规范。有效期体现了介绍单位的责任感。

【例文二　介绍信】

××××职业学院介绍信①

×院介（××××）第×号②

________________：③

兹介绍我单位________________（　　）位同志前往贵处____________________________。④

请接洽为荷。⑤

××××职业学院⑥（公章）⑦

年　月　日⑧

（有效期______天）⑨

【注释】

| | | |
|---|---|---|
| ① 标题 | ② 编号 | ③ 称谓 |
| ④ 正文 | ⑤ 结尾 | ⑥ 单位名称 |
| ⑦ 公章 | ⑧ 日期 | ⑨ 有效期 |

◎【例文评析】

这是一种事先印好的空白介绍信，只需按项填写。这种介绍信都留有存根，以供查考之用。

【例文三 证明信】

**证明信**①

××××学校：②

你校英语教研室的×××老师，2005-2010年在我校工作，曾在2007年、2008年被评为校先进工作者，2009年被评为自治区级优秀德育工作者。③

特此证明。④

××××学校⑤（公章）⑥

2011年12月25日⑦

【注释】

| | | |
|---|---|---|
| ① 标题 | ② 称谓 | ③ 正文 |
| ④ 结尾 | ⑤ 单位名称 | ⑥ 公章 |
| ⑦ 日期 | | |

◎【例文评析】

这是一份以单位的名义写的个人工作经历的证明，它清楚地表明了这位老师曾获得的荣誉的真实性。用词简明、肯定、准确。

【例文四 证明信】

**证明信**①

××职业技术学院：②

贵校的李强同学于2008年9月-2009年6月在我公司数控加工车间实习。在此期间，该同学虚心向老师傅学习，工作积极，吃苦耐劳，各方面表现出色。③

特此证明。④

新疆特变电有限公司⑤（公章）⑥

2010年6月25日⑦

【注释】

① 标题　② 称谓　③ 正文
④ 结尾　⑤ 单位名称　⑥ 公章
⑦ 日期

◎【例文评析】

这是一份学生在公司实习的有关情况证明，所证明的内容简单明了。突出了被证明人的实习时间，在实习期间的工作表现。表述客观肯定，清楚可靠，具有证明效力。

【例文五　邀请信】

邀请信①

××先生：②

您好，我厂定于×月×日举行建厂五十周年纪念活动，当日下午3时在厂部大礼堂举行纪念大会，恭请莅临并在会议主席台就座。③

此致

敬礼④

××办公室⑤（公章）⑥

××××年×月×日⑦

【注释】

① 标题　② 称谓　③ 正文
④ 祝颂语　⑤ 单位名称　⑥ 公章
⑦ 日期

◎【例文评析】

这是一封邀请信。格式正确，书写规范。正文部分写明了此次活动的内容、时间、地点及邀请的原因和愿望。语言谦恭有礼。

## 介绍信

### 一、介绍信的概念

介绍信，是介绍本单位派出人员前往有关部门商洽事情、联系工作或者参观学习、出席会议时所写的一种专用书信。它具有介绍和证明的双重作用。持信人可凭此同有关机构或个人联系、洽谈某些事项；收信机构或个人则可从中了解来人的姓名、身份、政治面貌以及要办什么事情、有什么具体要求和希望等。

## 二、介绍信的写作格式

介绍信一般由标题、称谓、正文、结尾、署名和日期、有效期几部分构成。

### (一)标题

在第一行正中位置写“介绍信”三个字,字距要适度,字体要稍大些。

### (二)称谓

在第二行顶格写对方单位名称或对方负责人的姓名及称呼,后边加上冒号。

### (三)正文

第三行空两格写介绍信的内容,开头习惯用“兹”“现”。正文中要说明被介绍人的姓名、身份、人数以及要接洽的事情和要求,也可以叙述其他事情。如要办理的重要事项或带保密性的事项,还要写明被介绍人的政治面貌、年龄、职务、级别等。

### (四)结尾

在正文的后面一般要写上“请接洽为荷”“请予以协助为感”“此致　敬礼”等表示敬意或祝愿的话。

### (五)署名和日期

在正文的右下方要写上介绍单位名称,名称的下方写日期,并加盖公章。

### (六)有效期

在介绍信左下方加括号注明介绍信的有效期,天数要用汉字大写数字书写。

## 三、介绍信写作的注意事项

1. 要写明被介绍人的真实姓名和身份,不得冒名顶替。

2. 一份介绍信只用于联系一个单位,不可将盖有公章的空白介绍信发给外出人员自己填写。

3. 接洽和联系的事项要写得简明扼要,尽可能用一句话概括,与此无关的不写。

4. 字迹要工整清晰,不得任意涂改。如有涂改,涂改处必须加盖公章。

# 证明信

## 一、证明信的概念

证明信,通称证明。它是以机关、团体、个人的名义证明某人的身份、经历或者证明有关事实的真实性的专用书信。

证明信对了解和考察有关人员和事件的真实情况有着重要的证明和参考作用。

## 二、证明信的写作格式

证明信通常由标题、称谓、正文、结尾、署名和日期几部分构成。

### (一)标题

在第一行中间位置写“证明信”或“证明”,字距要适度,字体稍大些。

**(二)称谓**

在第二行顶格书写需要证明的单位的名称,后面加上冒号。

**(三)正文**

第三行空两格写证明信的内容。正文要有针对性,将要向对方证明的事项、人物等一一交代清楚。

**(四)结尾**

结尾一般紧接正文之后,有时也另起一行缩两格写"特此证明"或"此致 敬礼"。

**(五)署名和日期**

在正文的右下方要写上写证明信的单位名称,名称的下方写日期,并加盖公章。必要时在左下方注明有效期。

### 三、证明信写作的注意事项

1. 证明信的语言要求准确、清楚,讲究分寸。
2. 态度要严肃认真,实事求是,事实要经得起检验。
3. 不能用铅笔和红笔书写,若有涂改要加盖公章。
4. 以个人名义写的证明信,要尽量言之有据,如对事实把握不大,则应写上"仅供参考"字样。

## 邀请信

### 一、邀请信的概念

邀请信又称邀请书,是行政机关、企事业单位、社会团体或个人邀请有关人士前往某地参加某项活动或事宜的专用书信。

邀请信具有以下特点:

1. 礼仪色彩。同请柬一样,邀请信也具有邀请的功能,要求有一些礼仪色彩。相比较而言,邀请信更恳切、热情、朴实一些。它没有请柬庄重严肃,但却也具有礼仪色彩,须礼貌周到。

2. 书信体格式。邀请信用语上比请柬随意,而且要求有较详细的邀请内容,如会议的邀请信,应该将会议的议题、地点、时间、有关活动、注意事项、食宿安排、交通路线、具体要求等详细交代。

### 二、邀请信的写作格式

邀请信通常由标题、称谓、正文、祝颂语、署名和日期几部分组成。

**(一)标题**

标题一般写在第一行正中,邀请信的标题一般有两种构成方式:一是单独以文种名称构成,如"邀请信"、"邀请书";二是由事由和文种名称共同组成,如"关于出席全国高职高专英语教学改革研讨会的邀请书"。

**（二）称谓**

在第二行顶格写被邀请的单位名称或个人姓名及头衔，后面用冒号“：”。如“××大学：”、“××同志：”、“××教授：”。

**（三）正文**

正文通常要写明举办活动的内容、活动目的、活动时间、活动地点、活动方式、邀请对象以及须邀请对象所做的工作等。若附有票、券等物也应同邀请信一起送给主送对象。

**（四）祝颂语**

在邀请信的结尾要写上礼节性的问候语。如“敬请光临”、“敬请莅临”、“恳请光临指导”、“致以敬意”，等等。

**（五）署名和日期**

在正文的右下方要写上发出邀请的单位名称或个人姓名，名称的下方写上日期。邀请单位还应加盖公章，以示慎重。

## 三、邀请信写作的注意事项

1. 正确书写被邀请对象的姓名、身份和人数。
2. 交代清楚邀请的理由，活动的内容、时间、地点及有关事项。
3. 用语要典雅大方、谦恭有礼，根据具体的场合、对象、内容，认真措辞。

## 课堂练习

### 训练一　写作

**仔细看下面一组图画，根据图画的内容写一段话。**

**写作要求：**① 字迹工整，标点正确；

② 用词正确，语句通顺，内容完整；

③ 时间 20 分钟，全文不少于 250 字；

④ 自定题目。

## 训练二

**1. 病文修改**

请根据所学知识，指出下列例文的不足之处，并进行修改。

（1）

介绍信

兹介绍赵林等3名同志，前往贵单位联系学生实习事宜。

××××学院(公章)

2010年9月8日

（2）

证明信

××××公司：

你公司×××同志，原系我局职工，工作踏实肯干，勤奋好学，团结同志，有一定的工作经验，受到同志们的好评。

特此证明。

××市×局

××××年×月×日

（3）

邀请信

×××老师：

大地迎来了三春，暖风吹开了百花，漫山遍野，呈现出一片勃勃生机。在这春暖花开的季节，××学校"征服"登山协会准备进行今年的第一次活动，已约好了6位同学，去市郊的南山登山。我想老师您是一位登山爱好者，尤其是您的照相技术高超，有你同行，同学们一定很开心。特地写信给你，邀请您参加。

致以

敬意

"征服"登山协会

××××年×月×日

**2. 情景模拟**

（1）假设你是学校就业指导中心的负责人，现有两名学生要到市供电局实习(学生姓名可自拟)，请为这两名学生写一封介绍信。

（2）根据以下材料写作：

材料一：××省××市电视机厂工程师罗大伟同志（男，40岁），技术员玛依努尔同志（女，28岁），前往阿克苏、喀什、和田等市检查并重点修理该厂出产的雪莲牌电视机。请你代表该厂草拟一封证明信。

材料二：你的高中同学李晓红考入某职业技术学院后，德、智、体各方面表现较好，就要成为一名光荣的中国共产党党员了。请你以她所在高中班主任的身份，给她写一封证明她在高中表现的证明信。信的末尾要有高中学校签署的意见。

（3）2009年10月20日是××职业技术学院建校10周年庆典，请你代学校给该校优秀毕业生吴清华写一封邀请他参加庆典的邀请信。

## 课后练习

### 一、思考题

1. 看图写作有哪些技巧？
2. 介绍信和证明信有什么不同？
3. 常见的介绍信有几种形式？
4. 证明信的写作有哪些注意事项？
5. 邀请信和请柬有什么不同？

### 二、综合练习题

1. 填写汉字。

（1）知识就是力量，我们读书越多知识就越丰________。

（2）家长要让孩子从小养成讲卫生的好习________。

（3）祖国和人民为你们自________！

（4）你们用自己的实际行动，极大激发了全国各族人民的爱国热情和______搏精神。

（5）谨向你们致以亲切的问候和崇高的________意！

（6）总理到成都后，没有来得及休息，立________赶赴都江堰市灾区指挥抗震救灾。

（7）您的每一次讲话都给了我们极大的信心和________舞。

（8）________介绍我厂员工李明前往贵公司采购化肥，请予以接洽为荷。

（9）吐尔逊同学在校期间学习成绩优异，积极参加各项活动，获得了2009年度“优秀毕业生”称号。________此证明。

（10）我厂于2010年3月10日下午举办建厂60周年纪念大会，______请您莅临参加。

2. 在每组A、B、C、D四个句子中，只有一个是正确的，请找出这个句子，在指定的位置上填写代表正确答案的字母。

（　　）（1）A. 小李工作积极，总是提前上下班。

B. 不论在前进的路上遇到很大的困难，但是我们也能克服。

C. 赵本山的小品常常给人带来欢乐和笑声。

D. 星期天上午，我用了整整两个小时左右，才把拖拉机修好。

(　　)(2) A. 我们必须早点儿出发，否则你就会迟到开会的。
B. 大量植树种草直接关系到我们生活环境的改善。
C. 他那积极认真的工作精神，值得学习我们每一个人。
D. 我从农村来到城市，看到这里的人比我们家乡非常多。

(　　)(3) A.大哥虽然是学习法律的，但他对历史也有研究。
B. 促进蔬菜的生长必须充足的阳光和合适的土壤。
C. 一天三顿饭，调味品可以不要，但却一定要有盐。
D. 由于采用先进的设备，使我们的牛奶产品更加科学、营养、卫生。

(　　)(4) A. 这个电影的故事非常动人，很多人看了都流下了眼泪。
B. 这个电影的故事非常动人，都很多人看了流下了眼泪。
C. 这个电影的故事非常动人，看了都很多人流下了眼泪。
D. 这个电影的故事非常动人，都流下了眼泪很多人看了。

(　　)(5) A. 这次我不去旅行的原因不是别的，实在是因为工作太忙脱不开身。
B. 这次我不去旅行的原因不是别的，是实在因为工作太忙脱不开身。
C. 这次我不去旅行的原因不是别的，是因为实在工作太忙脱不开身。
D. 这次我不去旅行的原因不是别的，是因为工作太实在忙脱不开身。

3. 修改病句。

(1) 每次老师提问他总是首先第一个发言。

______________________________。

(2) 自开学以来，他从来不迟到过。

______________________________。

(3) 这个凶残的抢劫犯终于刑警逮捕了。

______________________________。

(4) 老师讲了孔繁森救助藏族孤儿。

______________________________。

(5) 老工人在马路上协助交警保持交通秩序。

______________________________。

4. 连词成句。

(1) 这件　深刻　给　留下　的　我　事　了　印象

______________________________。

(2) 考上　了　大学　你　的　祝贺　理想

______________________________。

(3) 全家　再次　衷心　表示　我　我们　您　感谢　代表　向　的

______________________________________________________。

(4) 一定　火锅　请　一顿　成都　吃　您　我　好好儿　地道的

______________________________________________________。

(5) 机械　是　的　采购员　零配件　公司　一家　刘琴　青岛

______________________________________________________。

## 三、能力训练题

1. 暑假期间，你计划到××公司从事社会实践活动，请你代表学校草拟一封介绍信。

2. 艾尔肯原系××大学计算机工程系信息管理专业的本科毕业，现在新疆新能源公司任职。由于公司工资制度改革，需要大学本科毕业证书，但其毕业证书已遗失，故写信回母校，请母校开具学历证明。请你代表××大学为其开一份学历证明。

**机遇篇**

① 如果事先缺乏周密的准备，机遇也会毫无用处。 ——(古罗马)托儿维尔

② 良机对于懒惰没有作用，但勤劳可以将平常的机遇变成良机。 ——(德)马丁·路德

③ 机遇就像一块石头，只有在雕刻家手中才能获得新生。 ——(德)席勒

④ 如果良机不来，你就自创良机。 ——(英)斯迈尔斯

⑤ 机会造访每一个人，能够及时利用的人少之又少。 ——(英)李迈

⑥ 一个人若能对每一件事都感兴趣，能用眼睛看到人生旅途、时间和机会不断给予他的东西，并对于自己能够战胜的事情决不错过，在他短暂的生命中，将能够撷取多少的机遇啊！ ——(英)劳伦斯

⑦ 天上永远不会掉下玫瑰来，如果想要更多的玫瑰，必须自己种植。 ——(英)艾略特

⑧ 发现的历史表明，机遇起着重要的作用，但另一方面，即使在那些因机遇而成功的发现中，机遇也仅仅起到一部分的作用。 ——(英)贝弗里奇

# 第五课

## 学习提示

**学习目标：**掌握续写的写作方法和写作技巧，能在原文的基础上进行片段续写和篇章续写。
了解贺信、慰问信的格式特点，能够按照标准格式熟练写作运用。

**学习重点：**续写的写作方法；贺信、慰问信的写作格式。

## MHK 写作·续写

**【原文】**

### 麻　雀

我打猎归来，沿着花园的林荫路走着。狗跑在我前边。

突然，狗放慢脚步，蹑足潜行，好像嗅到了前边有什么野物。

我顺着林荫路望去，看见了一只嘴边还带黄色、头上生着柔毛的小麻雀。风猛烈地吹打着林荫路上的白桦树，麻雀从巢里跌落下来，呆呆地伏在地上，孤立无援地张开两只羽毛还未丰满的小翅膀。

我的狗慢慢向它靠近。忽然，从附近一棵树上飞下一只黑胸脯的老麻雀，像一颗石子似的落到狗的跟前。老麻雀全身倒竖着羽毛，惊恐万状，发出绝望、凄惨的叫声，接着向露出牙齿、大张着嘴的狗扑去。

老麻雀是猛扑下来救护幼雀的。它用身体掩护着自己的幼儿……但它小小的身体因恐惧而战栗着，它小小的声音也变得粗暴嘶哑，它在牺牲自己！

在它看来，狗该是多么庞大的怪物啊！然而，它还是不能站在自己高高的、安全的树枝上……一种比它的理智更强烈的力量，使它从那儿扑下身来。

我的狗站住了，向后退了退……看来，它也感到了这种力量。

我赶紧唤住惊慌失措的狗，然后怀着崇敬的心情走开了。

是啊，请不要见笑。我崇敬那只小小的、英勇的鸟儿，我崇敬它那种爱的冲动和力量。

爱，我想，比死和死的恐惧更强大。只有依靠它，依靠这种爱，生命才能维持下去，发展下去。

## 生词

| | | | | | |
|---|---|---|---|---|---|
| 1. 蹑足潜行 | | nièzú qiánxíng | 12. 战栗 | （动） | zhànlì |
| 2. 嗅 | （动） | xiù | 13. 粗暴 | （形） | cūbào |
| 3. 白桦树 | （名） | báihuàshù | 14. 嘶哑 | （形） | sīyǎ |
| 4. 巢 | （名） | cháo | 15. 庞大 | （形） | pángdà |
| 5. 呆 | （形） | dāi | 16. 怪物 | （名） | guàiwù |
| 6. 孤立 | （形） | gūlì | 17. 理智 | （名） | lǐzhì |
| 7. 丰满 | （形） | fēngmǎn | 18. 惊慌失措 | | jīnghuāng shī cuò |
| 8. 惊恐万状 | | jīngkǒng wàn zhuàng | 19. 崇敬 | （动） | chóngjìng |
| 9. 绝望 | （动） | juéwàng | 20. 冲动 | （动） | chōngdòng |
| 10. 凄惨 | （形） | qīcǎn | 21. 维持 | （动） | wéichí |
| 11. 掩护 | （动） | yǎnhù | | | |

## 【续写】

事后，老麻雀带着小麻雀回到巢里，老麻雀对小麻雀说："孩子，从今以后妈妈教你一些保护自己的本领，你要认真学习，要不然下次再遇到像刚才一样的事情，你会被其他动物吃掉的，所以你要用心学习。"听了妈妈的话后，小麻雀点了点头，从此开始每天认真学习本领。

而我呢？带着猎狗回到家里。不知道为什么我的脑海里总是浮现刚才那一幕，老麻雀从树上飞下来，用自己的身躯掩护着小麻雀。

从那以后，每当我从那棵白桦树下走过的时候，都会抬起头，看一看小麻雀。日子一天一天地过去了，小麻雀也一天天地长大了。如今的小麻雀，已经变成了一个拥有幸福、快乐、美满家庭的老麻雀了。

## 生词

| | | | | | |
|---|---|---|---|---|---|
| 1. 浮现 | （动） | fúxiàn | 2. 美满 | （形） | měimǎn |

◎【例文评析】

这是一篇篇后续写，作者顺着原文的故事情节下去，前后连贯，衔接自然。用寓言的形式，写了老麻雀教育小麻雀的一段话，形象生动，寓意深刻。最后一段想象合情合理，回味无穷。我们可以联想到：一个人一生的成长过程不正是跟麻雀一样嘛！

## 续写

### 一、续写的概念

续写是按原文的意图，接续原文的内容情节，使之获得新的发展的一种训练。它有助于锻炼学生的写作思路，发展学生的想象力和创造力。

### 二、续写的写作方法

1. 抓住原文中心，选准切入点

续写一定要先读懂原文，抓住原文的中心，以此为起点进行续写。

2. 顺着原文的思路展开合理的想象

续写是接续原文的内容进行写作，有较大的想象空间，但想象要符合原文的思路和逻辑。如果原文已揭示出人物的年龄、职业、身份、性格、那么续写时就必须按照人物特征和性格、情节发展的逻辑进行；如果原文中没给出具体的人物或事件，那么想象的空间就比较宽广，只要不违背生活常理，主题带有积极意义就可以。

3. 确定思作思路，列出提纲

在确定了写作思路后，最后列出一个提纲，这样可以使续写的内容围绕一个中心进行，不至于跑题。

### 三、续写的写作要求

1. 如果原文以记事为主，续写时要做到中心事件不变，叙述人称不变。

2. 如果原文以写人物为主，续写部分在主要人物思想行为、性格特点、语言特征和风格上要与原文保持一致。

3. 续写的部分要与原文前后连贯，衔接自然。

## 应用文写作·贺信 慰问信

### 【例文一 贺信】

**中共中央、国务院致第29届奥林匹克运动会中国体育代表团的贺信①**

中国体育代表团:②

在举世瞩目的第29届奥林匹克运动会上，中国体育健儿肩负祖国和人民的殷切期望、怀着为国争光的强烈信念，顽强拼搏，奋勇争先，取得了51枚金牌、21枚银牌、28枚铜牌的优异成绩，位居金牌榜第1位，创造了中国体育代表团参加奥运会以来的最好成绩，实现了重大历史性突破，书写了中国体育事业发展的新篇章，为把北京奥运会办成一届有特色、高水平的奥运会做出了巨大贡献。祖国和人民为你们自豪！党中央、国务院向为祖国和人民赢得巨大荣耀的中国体育代表团，致以热烈的祝贺，表示亲切的慰问！③

在北京奥运会赛场内外，中国体育健儿大力弘扬中华体育精神和奥林匹克精神，以坚定的意志品质、精湛的运动技艺、良好的文明礼仪，取得了运动成绩和精神文明双丰收，实现了你们出征前许下的为人生添彩、为奥运增辉、为民族争气、为祖国争光的誓言，向世界展现了中华儿女积极进取、昂扬向上的蓬勃朝气，展现了中华民族自强不息、团结奋斗、和平进步的精神风貌。你们同世界各国各地区体育健儿交流技艺、提高水平、增进友谊，为促进世界各国各地区人民的相互了解和友谊做出了新的贡献。你们用自己的实际行动，极大激发了全国各族人民的爱国热情和拼搏精神，给正在积极推进改革开放和社会主义现代化建设的全国各族人民以巨大鼓舞，为国际奥林匹克事业做出了突出贡献。④

希望你们发扬优良传统，认真总结经验，戒骄戒躁，再接再厉，不断为祖国和人民赢得更大荣耀，为推动我国体育事业向前发展，为弘扬奥林匹克精神和促进国际奥林匹克运动，为夺取全面建设小康社会新胜利、开创中国特色社会主义事业新局面再立新功！⑤

中共中央国务院⑥

二〇〇八年八月二十四日⑦

### 【注释】

① 标题

② 称谓

③ 对中国体育代表团取得的成绩给予高度评价，并表示祝贺

④ 奥林匹克精神对全社会的影响

⑤ 结尾，提出希望

⑥ 祝贺单位

⑦ 日期

### ◎【例文评析】

这是一篇上级给下属发出的贺信。在信中，中共中央国务院对参加第29届2008北京奥运会的中国体育代表团表示热烈祝贺，对他们取得的优异成绩予以充分的肯定。既分析了这

次取得良好运动成绩和精神文明双丰收的现实意义，又指出了成功的深远影响，并在最后提出了殷切的期望和要求。

**【例文二　慰问信】**

**“六·一”给灾区小朋友的慰问信①**

亲爱的四川地震灾区的同学们：②

你们受苦了！

请接受我们——重庆市江北区寸滩实验学校全体同学最深切的慰问！③

5月12日下午2点28分，因为一场突如其来的发生在四川汶川的8.0级大地震，这个时刻令全世界震惊！就在那一天，你们的家园被毁，你们的校舍坍塌，无数人被压在了废墟之中，更有无数的生命悲惨地逝去！其中，有很多和我们一样正值大好青春年华的同学们就这样走了，他们再也没有机会长大成人，再也不能和朋友们嬉闹，再也不能享受属于他们的节日——“六·一”儿童节。幸存者中，有无数人失去了至亲的家人、失去了亲爱的朋友、失去了敬爱的老师，最残忍的是，几乎所有被夺去生命的人都没有来得及说一声“再见”……

面对这样惨烈的灾难，每个中国人的心都在哭泣，特别是在今天这个特殊的日子，更让我们深深地认识到幸福、安定的生活和学习环境是多么的可贵。我们相信，只要我们中华炎黄子孙紧紧团结在一起，就没有什么坎儿是迈不过去的！“灾害无情人有情”，看，武警官兵、解放军战士迅速奔赴灾区开展救援，专业的救援队、医疗救护队从全国各地向震中集结，全国各地的人民正积极开展捐款捐物和献血行动，全中国人民的心正和灾区人民一起跳动！

虽然我们的捐款对灾区所需只是杯水车薪，我们的慰问不能抚平你们身体的伤痛。但是，众志成城，请你们相信中国十三亿人民的力量！现在，全中国都在为你们而行动，无数颗心满载着关爱和希望在向你们靠拢，奇迹正向你们赶过来！④

我们真诚的希望，你们能够好好儿保重自己，化悲痛为力量，在全国人民的帮助下，早日重建家园，重返校园。我们也相信，在经历了灾难的洗礼后，你们会更加坚强，更加珍爱生命，更加努力学习！你们要争取早日成才，建设更美好的家园！⑤

寸滩实验学校全体同学和你们心手相连，共渡难关！⑥

重庆市江北区寸滩实验学校团总支、少先队大队部⑦

2008年6月1日⑧

**【注释】**

① 标题　② 称谓　③ 问候语

④ 慰问缘由　⑤ 提出希望　⑥ 祝颂语

⑦ 署名　⑧ 日期

**◎【例文评析】**

这封充满深情的书信，是重庆市江北区寸滩实验学校团总支、少先队大队部写的，字里行间饱含着他们对灾区小朋友的关爱和牵挂。本文的正文分为四个部分：一是慰问事由，说明大地震给当地人带来的灾难；二是面对灾难中国人民的态度，万众一心，众志成城；三是表达对灾区人民的一片心意；四是提出殷切的希望，鼓励他们坚强地面对生活。

# 贺 信

## 一、贺信的概念

贺信是对他人取得的成就、获得某种职位、组织的成立、纪念日表示祝贺的文书。贺信与贺词有所不同，不要将贺信写成贺词。贺词内容篇幅长，而贺信要求简单短小，不宜长篇大论。

## 二、贺信的写作格式

贺信一般由标题、称谓、正文、结尾、署名和日期几部分构成。

### （一）标题

贺信的标题通常由文种名构成。一般在第一行正中书写“贺信”两个字。

### （二）称谓

第二行顶格写明被祝贺单位或个人的名称或姓名。写给个人的，要在姓名后加上相应的礼仪名称，如“同志”、“先生”、“女士”，后面用冒号。

### （三）正文

贺信的正文要交代清楚以下几项内容：

第一，结合当前的形势，说明对方取得成绩的大背景，或者某个重要会议召开的历史条件。

第二，概括说明对方都在哪些方面取得了成绩，分析其成功的主观、客观原因。贺寿的贺信，要概括说明对方的贡献及宝贵品质。总之这一部分是贺信的中心，一定要交代清楚祝贺的原因。

第三，表示热烈的祝贺。要写出自己祝贺的心情，由衷地表达自己真诚的慰问和祝福。有时也可写些鼓励的话，提出希望和共同理想。

### （四）结尾

结尾要写上祝愿的话。如“此致 敬礼”“祝争取更大的胜利”“祝您健康长寿”等 。

### （五）署名和日期

在正文的右下方写明发文的单位名称或个人的姓名，及写贺信的时间。

## 三、贺信写作的注意事项

1. 贺信要体现的是自己真诚的祝福，是加强彼此联系、增进双方交流的重要手段。所以贺信要写得感情饱满充沛。冷冰冰的陈述、评价是表达不出祝贺者心愿的。

2. 贺信内容要真实，评价成绩要恰如其分。不可空发议论，空喊口号 。

3. 语言要求精练、简洁明快，不堆砌华丽词藻。篇幅要短小精悍。

## 慰问信

### 一、慰问信的概念

慰问信是向组织或个人表示慰问的一种专用书信。慰问信应用的范围比较广泛,一般用于对前线将士、灾区人民、伤病员、军烈属、荣复转退军人、离退休老干部、前往执行特殊任务的人员和做出特殊贡献的人员进行慰问。可以直接寄给被慰问的人或组织,也可张贴、登报或广播。

### 二、慰问信的写作格式

慰问信通常由标题、称谓、正文、结尾、署名和日期几部分构成。

**(一)标题**

慰问信的标题一般由文种名构成,在第一行正中写"慰问信"三个字。

**(二)称谓**

第二行顶格写受慰问的单位名称或个人姓名,后加冒号。写给个人的可在姓名前加"亲爱的"、"敬爱的"等敬词,姓名后可加"同志"、"先生"等称呼。

**(三)正文**

正文要另起一行,空两格写慰问的内容。慰问信的正文一般包括慰问缘由和慰问事项等。

**(四)结尾**

表示共同的愿望和决心,并写上祝愿、致敬等话语。

**(五)署名和日期**

在正文的右下方写明写慰问信的单位名称或个人姓名,并写上成文的时间。

### 三、慰问信写作的注意事项

1. 根据不同的慰问对象,确定写作重点,要向对方表示出无限亲切、关怀的感情,态度要诚恳热情,做到以情动人。

2. 行文要真切,文字朴实、精练,措辞要恰当,篇幅要短小。

## 课堂练习

### 训练一　写作

根据所给材料,续写完这篇文章,要求续写部分不少于250字,衔接要自然,想象要合理,语言要生动有趣。

**坐井观天**

青蛙坐在井里。小鸟飞来,落在井沿上。

青蛙问小鸟:"你从哪儿来呀?"

小鸟回答说："我从天上来，飞了一百多里，口渴了，下来找点儿水喝。"
青蛙说："朋友，别说大话了！天不过井口那么大，还用飞那么远吗？"
小鸟说："你弄错了。天无边无际，大得很哪！"
青蛙笑了，说："朋友，我天天坐在井里，一抬头就看见天。我不会弄错的。"
小鸟也笑了，说："朋友，你是弄错了。不信，你跳出井口来看看吧。"

## 训练二

**1. 病文修改**

请根据所学知识，指出下列例文中的不足之处，并进行修改。

××厂全体职工：

喜闻十月二日是贵厂建厂30周年纪念日，谨此表示热烈祝贺！

三十年来，贵厂全体职工发扬了艰苦创业、自力更生、增产节约、多做贡献的可贵精神，不仅为祖国的工业建设提供了新产品，而且培养了大批技术人才，支援了兄弟单位。多年来，贵厂在技术力量方面，给我厂以无私的帮助和支援。对此我们表示衷心的感谢，并决心以实际行动向贵厂全体职工学习，努力钻研技术，提高产品质量，为达到同行业的先进水平而努力。

最后，祝贵厂全体职工在四个现代化的新长征中取得更大的成绩。

此致

敬礼！

××厂

×××年×月×日

**2. 情景模拟**

（1）假设你得知你的一位好友被某大学录取，请写信向他表示祝贺。

（2）××地区山洪爆发，大部分地区被淹，交通受阻，许多人的生命财产遭受了巨大的损失。××公司员工距离较远，不能前去抗洪救灾，决定捐些钱和衣物去。在寄钱和衣物的同时，还准备寄去一封慰问信。请你代为起草这封慰问信。

## 课后练习

### 一、思考题

1. 如何进行续写？
2. 续写有哪些注意事项？
3. 贺信一般由几部分构成？
4. 慰问信一般由几部分构成？

## 二、综合练习题

1. 填写汉字。

（1）一个学期的学习生活可以说既紧张又______快。

（2）不同民______的同学坐在同一个教室里学习。

（3）大家从陌生到熟______，从连招呼都不打到可以聊天儿，这就是学习的收获。

（4）我的朋友艾力是一个有______力的人，从来不半途而废。

（5）在小麻雀看来，狗该是多么______大的怪物啊！

（6）是啊，请不要见笑。我______敬那只小小的、英勇的鸟儿。

（7）麻雀从巢里______落下来，呆呆地伏在地上。

（8）我们院子里有很多小孩儿，活______，天真，当然也顽皮。

（9）他每天早上六点起床朗读汉语，一直坚持了三年，我真打心眼儿里______服他。

（10）据______体报道，2008 年 5 月 8 日 9 点 18 分，奥运祥云火炬成功登顶珠穆朗玛峰。

2. 在每组 A、B、C、D 四个句子中，只有一个是正确的，请找出这个句子，在指定的位置上填写代表正确答案的字母。

（　　）（1）A. 这一决定得到了动物保护协会的抗议。
B. 我们大家从小学一年级学习开始就查字典。
C. 国家体操队的孩子们为我们国家赢得了八枚金牌。
D. 中学生应理解和阅读大量的文学名著。

（　　）（2）A. 经过学习，他已经熟练了操作技术。
B. 为了能在预赛中胜出，我更加刻苦努力。
C. 旧社会，劳动人民吃不饱、穿不暖的生活。
D. 广大青年表现出无比的进行改革的热情。

（　　）（3）A. 那篇他的文章登在报纸上了。
B. 我们要大力发扬了敢拼敢搏的精神。
C. 既然你来了，我也该走了。
D. 青苔像地毯一样盖在地面上。

（　　）（4）A. 为了地震灾区的人民，一定我们积极参加这次活动。
B. 为了地震灾区的人民，我们一定积极参加这次活动。
C. 为了灾区地震的人民，我们一定积极参加这次活动。
D. 为了灾区地震的人民，我们积极一定参加这次活动。

（　　）（5）A. 我们每一个人都应该爱鸟，用自己的行动为鸟类做点儿事情。
B. 我们都每一个人应该爱鸟，把自己的行动为鸟类做点儿事情。
C. 我们每一个人都应该爱鸟，使自己的行动为鸟类做点儿事情。
D. 我们应该都每一个人爱鸟，要自己的行动为鸟类做点儿事情。

3. 修改病句。

（1）我国人口是世界上最多的国家。

________________________________________。

（2）我们在学习上应该树立不畏艰难的信心。

________________________________________。

（3）每个小学生都应该上课专心听讲的好习惯。

________________________________________。

（4）上课时，小华的眼睛目不转睛地注视着老师。

________________________________________。

（5）不管天气十分炎热，大家还是坚持锻炼身体。

________________________________________。

4. 连词成句。

（1）掩护　它　的　身体　着　自己　幼儿　用

________________________________________。

（2）讲过　一句　美国　曾经　话　这样　富兰克林　科学家

________________________________________。

（3）王刚　地　批评　了　一顿　被　严厉　老师

________________________________________。

（4）想象　的　你　出　那　眼神　可以　她们　怪异

________________________________________。

（5）季节　进行　春天　是　户外　人们　活动　的　好　的确　健身

________________________________________。

## 三、能力训练题

1. 你的同学刘新月在全国大学生英语口语大赛中取得了二等奖的好成绩，请以本班全体同学的名义给刘新月同学写一封贺信，表示祝贺。

2. 几周前，新疆伽师县的瓜农们在电视上了解到武警官兵和公安民警们日夜值勤，非常辛苦，总想为他们做些什么。此时正值当地特产伽师瓜成熟，瓜农们思量后决定，为武警官兵和公安民警送瓜。大家推举艾克拜尔·吾甫尔为瓜农代表，当地政府还安排了两名工作人员一同前往，艾克拜尔·吾甫尔这次捐了 1 吨瓜。他说："1997 年伽师县发生地震，我家的房子都震塌了，但 1998 年我家就住上了抗震安居房，是党和政府帮了我们。现在，武警官兵和公安民警不畏炎热，日夜值勤，我们农民没有别的，送些瓜让他们解解渴。"为了表达全体瓜农对广大武警官兵和公安民警的感谢，他还带去了一封慰问信。请你代为起草这封慰问信。

# 第六课

## 学习提示

**学习目标：** 掌握扩写的写作方法和写作技巧，能够通过合理的想象，把篇幅短小的故事、片段或句子扩充成内容充实、篇幅较长的新文章；了解感谢信和表扬信的格式特点，能够按照标准格式熟练写作运用。

**学习重点：** 扩写的写作技巧；感谢信和表扬信的写作格式。

## MHK 写作·扩写

**【原文】**

以前，有父子二人，住在山村里，经营着一片果园。父亲病后，儿子耕作不够勤快，果园日渐荒芜。父亲临终前对儿子说："果园中有黄金。"于是儿子把果园的泥地都翻了个遍，结果一无所获，很是郁闷。但没想到的是，到了秋天，园中葡萄、苹果都获得了大丰收。儿子终于明白了父亲话中的道理。

**【扩写】**

### 寻金记

以前，乡下住着一对父子，他们共同管理、经营着一个果园。但是，最令父亲担忧的是儿子太懒惰，任凭他怎样苦心教导也无济于事。

一天，父亲突然生病了，而且越来越严重，无法再劳动。他知道自己的日子不多了，所以更加牵挂自己的儿子。终于，他想出了一个好办法。在生命垂危时，他把儿子叫到床边，握紧儿子的手，语重心长地说："孩子呀，爸爸就要离开你，再也不能照顾你了，我知道你不愿意去劳动，因此告诉你一个秘密，在咱们果园的地里，埋藏着许多金子。我死后，你去把这些金子挖出来，这样你就会成为百万富翁了。"说完，便咽了气。

儿子料理完父亲的后事之后，反复念叨着父亲临终前的话，心里越来越高兴。于是第三天，他就拿起铁锹，到果园里挖起来。他忘了时间，忘了疲劳。土被一锹锹翻开，豆大的汗珠从儿子额头上滚落。从早到晚，一天又一天，不管刮风还是下雨。他的手长满了老茧和血泡，脚擦破了，铁锹磨得变了形，可他仍然不停地挖。转眼半个月过去了，地大部分都被翻过来，可是什么也没有。儿子心里有些疑惑了，但他还不死心，依旧废寝忘食地干着。最后，果园里的每个角落都被儿子认真翻了个遍，可是连一点儿金子的影子也没找到。儿子又气又急，埋怨道：爸爸真是的，临死还要捉弄我，让我吃了这么多苦，白忙一场……之后，他又像从前一样，还是什么也不干。

然而，神奇的事情发生了。那年秋天，果树获得了多年不遇的大丰收。这大大出乎儿子的意料。他卖了树上结的果子，赚了一大笔钱。此刻，儿子才恍然大悟，父亲之所以说地里有金子，就是要他自食其力，去体验劳动带来的快乐和收获的喜悦。而所谓的金子就是辛勤劳动所创造出的财富。

从那以后，儿子一改懒惰的毛病，变得十分勤劳，过上了富足的生活。

## 生词

| | | | | | |
|---|---|---|---|---|---|
| 1. 懒惰 | （形） | lǎnduò | 13. 铁锨 | （名） | tiěxiān |
| 2. 任凭 | （连） | rènpíng | 14. 老茧 | （名） | lǎojiǎn |
| 3. 无济于事 | | wú jì yú shì | 15. 疑惑 | （动） | yíhuò |
| 4. 牵挂 | （动） | qiānguà | 16. 废寝忘食 | | fèi qǐn wàng shí |
| 5. 垂危 | （动） | chuíwēi | | | |
| 6. 语重心长 | | yǔ zhòng xīn cháng | 17. 埋怨 | （动） | mányuàn |
| | | | 18. 捉弄 | （动） | zhuōnòng |
| 7. 富翁 | （名） | fùwēng | 19. 恍然大悟 | | huǎngrán dà wù |
| 8. 咽气 | | yàn qì | | | |
| 9. 料理 | （动） | liàolǐ | 20. 自食其力 | | zì shí qí lì |
| 10. 后事 | （名） | hòushì | 21. 体验 | （动） | tǐyàn |
| 11. 念叨 | （动） | niàndao | 22. 欣慰 | （形） | xīnwèi |
| 12. 临终 | （动） | línzhōng | 22. 富足 | （形） | fùzú |

### ◎【例文评析】

这篇作文以原文为基础，据题发挥，展开丰富的想象，将父亲临终前的嘱托，儿子为了找金子翻遍了整个果园，最后失望的情景以及秋天意想不到的收获安排得合情合理。文章在叙述上做到了详略得当，突出了重点。故事情节的展开符合人物的性格特点，整篇文章结构严谨，故事情节曲折、生动，吸引读者。

## 扩写

### 一、扩写的概念

扩写就是把情节简单的短文或段落，通过合理想象加以补充，进行具体的描述，使短文或段落得以扩充，变得具体生动。

## 二、扩写的写作方法

1. 认真阅读原文

扩写前先要弄清楚什么时间、什么地点、什么人、发生了什么事，接着还要弄清楚几个人，什么人为主，什么人为辅，更要区别清楚是“人中的事”，还是“事中的人”，找出“扩写点”。“扩写点”就是文中那些概括的情况。

2. 抓住扩写重点

要根据文章中心，找出扩写重点，安排好扩写的主次，做到详略分明，重点突出。一般可从以下三个方面确定扩写的重点：

（1）根据题目确定重点。

题目中的“题眼”往往就是该详写的重点。找“题眼”可以根据题目的文字结构，一般来说，用主谓短语作题目的，“题眼”往往是动词，如《龟兔赛跑》，文章应围绕“赛跑”这个重点词语，重点写怎么赛跑。

（2）通过归纳中心确定重点。

有的题目较大，很难找到题眼；有的扩写材料根本没有提供题目，而是要求作者自己拟定。这种情况可以根据文章的内容来确定重点。凡是能表现中心的都是重点材料，也就是文章需要详写的部分，和中心关系不大的就是次要材料，要略写。

（3）把扩写对象确定为重点。

扩写的材料是以写人为主的，要把突出人物的特点作为重点来写。

扩写材料是以写事为主的，要把事情的经过作为重点来写。

扩写材料是以写活动为主的，应该把活动场面作为重点来写。

3. 展开合理想象

选定扩写重点之后，要根据原文的中心思想，在局部加入一些合理的想象，想象要以现实生活为基础，可以出乎意料，但又必须在情理之中，使文章更加充实生动。

## 三、扩写的注意事项

1. 要准确地把握原文的中心思想和基本内容，不能任意改变原文的体裁、人称和主题，一般只把能突出中心思想的人物外貌、行动、语言、心理活动和环境描写加以具体描述。

2. 扩充的内容一般是和中心有密切关系的部分，不要把每段话、每句话都进行盲目地扩充。扩写后的文章仍要上下连贯，前后呼应。

3. 要尊重原文的风格，增添的文字要与原文的风格一致或相近。

4. 注意通篇考虑，要详略得当，主次分明。

# 应用文写作·感谢信　表扬信

## 【例文一　感谢信】

### 感谢信①

尊敬的温家宝总理：②

我是一个四川成都人，目前在四川电视台从事新闻工作，从 5 月 12 日下午黄昏至今，我一直被您亲临抗震救灾第一线指挥的身影感动着、鼓舞着，为我们的共和国能有您这样的好总理而感到万分自豪、万分庆幸！③

5 月 12 日下午 2 点 28 分，四川汶川的大地震发生后，您立即放下手上千头万绪的工作，赶赴四川灾区前线指挥抗震救灾，您还在飞往成都的飞机上就向全国人民发表电视讲话，号召大家抗震救灾；您到成都后，没有来得及休息，立即赶赴都江堰市灾区指挥抗震救灾，您亲临都江堰市聚源中学和都江堰市中医院的废墟现场慰问灾民，给受困的人员以鼓励，您在都江堰市那十分简易的指挥所里冒雨布置抢救工作、下达救灾命令，您饱含深情地说："汶川的道路不通，就是走也要走到汶川去，早一秒到达，就早营救出一个被困人员！"在随后的几天里，您不顾疲劳，赶往德阳灾区、绵阳灾区，甚至乘坐直升飞机亲临汶川这样非常危险的地震中心指挥抗震救灾、慰问灾民。您每到一地，都向广大的救援人员和灾民发表讲话，您的声音都嘶哑了，却是那么有力，那么坚强，您的每一次讲话都给了我们极大的信心和鼓舞，在您的声音里，我们不仅感受到了中国政府的抗震决心，更看到了中国政府在这次地震中的应急能力、组织能力和指挥能力。④

尊敬的温家宝总理，像您这样长时间冒着危险亲临灾区第一线指挥抗震救灾的国家领导人，在中国历史上是前所未有的，在世界历史上也是前所未有的！作为中华人民共和国的总理，您真正做到了"情为民所系，利为民所谋"，真正体现了"执政为民"。您是我们的好总理，是我们的亲人，我作为四川灾区的一员，深深地感谢您，我向您鞠躬了！⑤

尊敬的温总理，北川、映秀和汶川地区，至今余震不断、滑坡不断，您在亲临现场的时候，一定要保护好自己，您的平安，是四川灾民和我父母最大的幸福！我代表我的父母和兄弟姊妹，感谢您，您辛苦了！等抗震救灾结束了，如果有可能，我一定请您好好吃一顿咱们成都地道的火锅，喝一碗咱们四川地道的盖碗茶，好吗？⑥

尊敬的温家宝总理，您多多保重！⑦

四川成都人：汪建中⑧<br>2008 年 5 月 16 日于成都⑨

**【注释】**

| | | |
|---|---|---|
| ① 标题 | ② 称谓 | ③ 感谢的事由 |
| ④ 概述事迹 | ⑤ 评价精神 | ⑥ 表示关心 |
| ⑦ 敬祝语 | ⑧ 署名 | ⑨ 日期 |

◎【例文评析】

在突如其来的大地震袭来的危机时刻,国家总理温家宝同志亲临抗震救灾前线,指挥救灾,慰问灾民,他的这一举动感天动地,一位普通的百姓发自肺腑地感谢我们的总理,他高度赞扬了总理"情为民所系,利为民所谋"、"执政为民"的高尚品德,并表示了对总理的关心。全文感情真挚,内容充实,语言精练。

【例文二　表扬信】

### 表扬信①

××旅行社:②

你们好!③

贵社导游小阳同志在接待我们的三天时间里,给我们留下了很好的印象。从始至终,从早到晚,小阳同志都陪伴在我们左右,态度热情,工作细致,解说清楚,服务到位。旅客想到的他设法做到,旅客没想到的,他给你想到、做到。我觉得小阳就像我们的家人。④ 这里,我们对小阳及其培养了小阳的领导表示深深的感谢。下次,我们来还找你们旅行社,回去还要大力宣传你们。⑤

此致

敬礼⑥

山西省全体旅客⑦

2010 年 8 月 9 日⑧

【注释】

| | | | |
|---|---|---|---|
| ① 标题 | ② 称谓 | ③ 问候语 | ④ 表扬的原因 |
| ⑤ 表扬的内容 | ⑥ 敬祝语 | ⑦ 署名 | ⑧ 日期 |

◎【例文评析】

这封表扬信的称谓直接对单位,利于激励职工。正文先总体评价,后详细叙述。整篇文章尽管不长,但具体生动,语言精练,充分反映出了对方的高贵品质。

## 感谢信

### 一、感谢信的概念

感谢信是对单位或个人给予的关怀、帮助、支持、祝贺或勉励等表示感谢的一种书信。感谢信的使用范围很广,感谢相助、感谢捐赠、感谢祝贺、感谢鼓励、感谢探访,都可以使用。有单位给单位的、单位给个人的、个人给单位的、个人给个人的等方式。感谢信可以张贴,也可以寄给报社、杂志社刊登或电台、电视台播出。

### 二、感谢信的写作格式

感谢信一般由标题、称谓、正文、敬祝语、署名和日期几部分组成。

（一）标题

用较大的字体在第一行中间书写"感谢信"或"致××的感谢信"。

（二）称谓

第二行顶格写被感谢单位的名称或个人姓名，后面加冒号。

（三）正文

正文包括开头、主体、结尾三部分。开头简要说明自己感谢的原因，比如感谢帮助、感谢捐赠等。必要时说明自己的身份，免得给人突兀的感觉。

主体概述事情，简述对方给予的关怀、帮助、鼓励等，以及这些关怀、帮助产生了怎样的作用、效果，并表示感谢。如接受了对方的馈赠，要将收到的款物一一写明，若寄上谢礼，应在信内提及，以便对方查收。

结尾表明自己向对方学习的态度、决心，也可以写自己今后的努力等。

（四）敬祝语

最后写上表示感激、敬意的话。另起一行空两格写上"此致""致以"，然后另起一行顶格写相应的"敬礼""最崇高的敬意""最诚挚的谢意"等。

（五）署名和日期

在正文右下方写明发信的单位名称或个人姓名，署名下方写发信的日期。

### 三、感谢信写作的注意事项

1. 把事件准确地叙述清楚，使对方的组织或群众能了解是什么人做了什么事，有什么好的影响。
2. 要高度评价、赞扬对方的行为。
3. 表示感谢的话要符合双方的身份；语言要真挚、朴实；表示决心要切合实际。
4. 文字要简洁，篇幅不能过长。

## 表扬信

### 一、表扬信的概念

表扬信是以集体或个人的名义对某些单位、个人的先进思想、模范事迹表示赞扬的专用书信。表扬信，通常是寄送给受表扬的单位，重要的、有社会价值的可以在报刊上发表，也可以用大纸抄出在公共场所张贴。表扬信对于形成良好的社会风尚有重要的作用。它是宣传好人好事、颂扬团结互助、表彰先进思想的重要工具。

### 二、表扬信的写作格式

表扬信一般由标题、称谓、正文、敬祝语、署名和日期几部分组成。

（一）标题

用较大的字体在第一行正中间书写"表扬信"或"×××对×××的表扬信"。

（二）称谓

第二行顶格写被表扬单位的名称或个人姓名，后面加冒号。

（三）正文

另起一行，空两格写表扬的内容：首先交代表扬的原因，叙述被表扬单位或被表扬人的先进事迹，包括事件发生的时间、地点、原因、经过和结果；其次，在叙事的基础上进行评价、议论，点明其意义和价值，并表示向被表扬者学习；再次，可直接提出表扬，也可向被表扬者所在单位提出表扬者的具体建议，如："请在大会上给予表扬"、"希望贵单位给予表扬"。

**（四）敬祝语**

表扬信的最后要写上表示感激、敬意的话。另起一行空两格写上"此致"、"致以"然后另起一行顶格写相应的"敬礼"、"最崇高的敬意"、"最诚挚的谢意"等。

**（五）署名和日期**

在正文右下方写明发信的单位名称或个人姓名，署名下方写发信的日期。

## 三、表扬信写作的注意事项

1. 事实要具体，思想要突出。表扬的事件，如时间、地点、人物、经过等要叙述具体，以充分反映对方的先进思想、高尚品质等。

2. 议论要精当、自然，不要泛泛讲大道理，议论应起到画龙点睛的作用。

3. 要实事求是，不要夸大，不要拔高。

4. 要富有感情，短小精悍，简明有力。

## 课堂练习

### 训练一　写作

**1. 扩写句子**

例：燕子飞过田野。

（什么样的燕子？飞过怎样的田野？）

黑色的燕子飞过绿油油的田野。

（1）天空飘着白云。

（什么样的天空？飘着什么样的白云？）

______________________________

（2）太阳升起来了。

（什么样的太阳？怎样地升起来了？）

______________________________

（3）青蛙爬出来。

（青蛙从什么地方？怎样爬出来的？）

______________________________

（4）教室里摆着课桌椅。

（什么样的教室里？怎样摆着课桌椅？课桌椅是什么样子的？）

______________________________

（5）同学们回答问题。

（在什么地方？同学们怎样回答问题？回答什么样的问题？）

______________________________

**2. 扩写文章**

根据提供的故事情节展开丰富的想象,把故事的情节写得具体生动,并写清事情的结果。

海边的大森林里住着猴妈妈一家人。猴妈妈有三个孩子。老大叫猴听话,老实本分;老二叫猴机灵,很爱动脑筋;老三是个女孩儿,叫猴美丽,长得很漂亮。有一天,猴妈妈把三个孩子叫到跟前,给了每人100元钱,叫它们离开家去独立生活,看谁能过上富足的日子。

## 训练二

**1. 病文修改**

请根据所学知识,指出下列例文中的不足之处,并进行修改。

(1)

致李志刚的感谢信

××职业学院

我是一名正在上初一的学生,去年,一场特大洪水冲垮了我的家园、我的学校。后来,洪水虽然退了,但家里再也拿不出钱来供我上学,家里一狠心,让我跟别人出去打工。听到我的哀求声,正在我村访友的一位大哥前来劝说,并掏出三百元给我当学费,但他始终不透露姓名,并叮嘱朋友也不要说。由于他的三百元钱和后来政府的救济款,我没有失学。今年一个偶然的机会,我才得知他的名字叫李志刚,是贵校09级的学生,今特此写信,向他表示衷心的感谢,并请求学校对他这种乐于助人的可贵精神予以表扬。

我决心在以后的日子里,认真学习,以优异的成绩来报答他的无私帮助,学习他那助人为乐的高贵品质,做一个优秀的对社会有用的人。

二〇一一年六月12日

(2)

表扬信

××中学:

在开展"全民文明礼貌月"的活动中,你校学生在学校领导、教师的带动下,为建设精神文明做出了可喜的成绩,在我市起了模范带头作用。为此,特授予你校"五讲四美标兵"的光荣称号。

希望你校全体师生继续发扬优良作风,戒骄戒躁,为取得更大的成绩而努力!

×××市人民政府

**2. 情景模拟**

（1）新疆机电学院10-5班一位来自云南农村的大学生，在校期间得了急性脊髓炎，因家庭困难，没钱住院治疗。在班主任的倡议下，全校师生捐款23156元，使得这位学生能够及时住院得到治疗。请你以这位学生家长的名义写一封感谢信。

（2）由杭州来沪出差的刘先生在南京路搭乘了一辆爱心出租汽车公司的出租车，到达目的地后，他忘了拿发票就匆匆离去，没走多远，他发现随身携带的皮包不见踪影，里面装有8万元现金和一份工程承包合同，无奈，他只能返回杭州。不料，刘先生刚到家中，爱心出租汽车公司的一个电话解了他的燃眉之急。原来司机在清理车厢时发现了皮包，立即交到公司，经过仔细清点，工作人员找到了一本通讯录。于是他们根据上面的电话号码，四处联系，终于从刘先生的山东朋友处得知了刘先生的去向。刘先生接到电话后，立即赶到上海，从出租车公司领取了这只皮包。他十分激动，并决定给爱心出租汽车公司写一封表扬信，表扬这位出租车司机拾金不昧的高风亮节和公司为乘客排忧解难的优良服务态度。请你为刘先生代写一封表扬信。

## 课后练习

### 一、思考题

1. 扩写有哪些技巧？
2. 分别说出感谢信和表扬信的写作基本格式。
3. 感谢信和表扬信有什么区别？

### 二、综合练习题

1. 在每个句子后面都有一个指定词语，句中A、B、C、D是四个供选择的不同位置，请判断这一词语放在哪一位置上可以使句子表达正确，在指定的位置上填写代表正确答案的字母。

（　　）（1）我们三个人A想B去邮局C买新D出的纪念邮票。　都

（　　）（2）A9月11日B发生的恐怖袭击事件，C整个世界都D感到震惊。　让

（　　）（3）对我A来说，这B是一次全新的尝试，我C非常高兴D有些不安。　又

（　　）（4）他A明白，大家B对他的C批评，D其实都是为他好。　应该

（　　）（5）我真的A搞不懂，他B会C对那玩意儿那么D感兴趣。　居然

（　　）（6）A事情已经很B清楚了，C你们D再争论下去了。　不必

（　　）（7）和所有的日子A一样，当B我从书房C步入卧室时，D是午夜了。　已

（　　）（8）我5岁A就来北京，现在B也可算个C准北京人D。　了

（　　）（9）走进老将军的庭院A，B这里C成了一个D立体植物园。　简直

（　　）（10）红色在中国的民间A是B吉祥如意C和幸福的D象征。　一直

2. 在每组 A、B、C、D 四个句子中，只有一个是正确的，请找出这个句子，在指定的位置上填写代表正确答案的字母。

(　　)(1) A. 时间这么紧，任务那么多，我们不能提前完成。
B. 在那时，改革开放关于我们来说是很陌生的。
C. 小薇这样说，既没有伤害老师，又让老师在不知不觉中改正了错误。
D. 这个消息不一定可靠，我们还是再调查调查一下。

(　　)(2) A. 五分钟过后，李元芳把手机才收起来。
B. 从广大观众的来信中，使我受到了很大的鼓舞。
C. 为了提高员工素质，我校对全体教师举行了考试。
D. 因为明天有雨，奶奶不同意我们去郊游了。

(　　)(3) A. 人家批评她的时候，她不仅不承认错误，而是强调客观原因。
B. 成绩能够鼓舞人，同时也会使人骄傲。
C. 小王不但会唱歌，而且小李也会唱歌。
D. 我们的工作取得了不少成绩，但是还将取得更大的成绩。

(　　)(4) A. 满山苹果挂红的时候，来了俊俏的一个小伙子晓琪家。
B. 满山苹果挂红的时候，一个小伙子俊俏的晓琪家来了。
C. 满山苹果挂红的时候，俊俏的一个小伙子来了晓琪家。
D. 满山苹果挂红的时候，晓琪家来了一个俊俏的小伙子。

(　　)(5) A. 下课铃声一响，同学们赶紧收拾就书包跑出去了。
B. 下课铃声一响，同学们跑出去了就赶紧收拾书包。
C. 下课铃声一响，同学们就赶快收拾书包跑出去了。
D. 下课铃声一响，就同学们收拾书包赶紧跑出去了。

3. 修改病句。

(1) 汉语对我特别感兴趣。

________________________________________________。

(2) 你必须一定要认真负责。

________________________________________________。

(3) 我们从小就要养成爱清洁、讲卫生。

________________________________________________。

(4) 去年，一场特大洪水让我的家园、我的学校冲垮了。

________________________________________________。

(5) 汶川的道路不通，于是走也要走到汶川去。

________________________________________________。

4. 连句成段。

(1) A. 宁波有许多美丽的景物
B. 因为我觉得它是宁波最美丽的一座桥

C. 我的家乡在宁波
D. 但我最喜欢的还是琴桥
正确顺序：________________

（2）A. 绿洲里藏着一颗闪光的珍珠
B. 在浩瀚无垠的沙漠里
C. 它坐落在我国甘肃省敦煌市三危山和鸣沙山的怀抱中
D. 有一片美丽的绿洲
E. 这颗珍珠就是敦煌莫高窟
正确顺序：________________

**三、能力训练题**

1. 在教师节来临之际，请以学生会的名义，给全校教师写一封感谢信。
2. 根据下面的材料，合理地想象事情的经过和结果，以《惭愧》为题，写一篇300字的作文。

青年林咏骑飞车，撞倒了一位女青年，自己也摔伤了胳膊。但他不但不道歉，反而责怪女青年骑车不注意，女青年也不计较。林咏来到医院，发现给自己认真包扎伤口的护士，竟然是那位女青年……

**人生篇**

① 人生如同故事。重要的并不在于有多长，而是在于有多好。——（古罗马）塞涅卡

② 人生布满了荆棘，我们晓得的唯一办法是从那些荆棘上面迅速踏过。——（法）伏尔泰

③ 对人生的乐观都基于外界事物的有规律性的循环往复。昼夜的轮流，四季的迭代，开花与结实，以及其他按时呈现于我们面前的事物，使我们能够和应该享受它们，这些实是尘世生活的原动力。——（德）歌德

④ 人生徘徊于两个世界之间，就像昼夜之交一颗星徘徊于天边。——（英）拜伦

⑤ 人生就像奕棋，一步失误，全盘皆输，这是令人悲哀之事；而且人生还不如弈棋，不可能再来一局，也不能悔棋。——（奥地利）弗洛伊德

⑥ 人生是短促的，这句话应该提醒每一个人去进行一切他想做的事。虽然勤勉不能保证一定成功，死亡可能摧折欣欣向荣的事业，但那些事业未遂的人至少已有参加行伍的光荣，即使他未获胜，却也算战斗过。——（美）约翰逊

⑦ 人生的道路就像一条大河，由于急流本身的冲击力，在从前没有水流的地方冲刷出崭新的意料不到的河道。——（印度）泰戈尔

# 第七课

## 学习提示

**学习目标**：掌握读后感的写法；了解申请书和推荐信的格式特点，能够按照标准格式熟练写作运用。

**学习重点**：读后感的写作技巧；申请书和推荐信的写作格式。

## MHK 写作·读后感

**【例文】**

### 《假如给我三天光明》读后感

暑假里，我读了《假如给我三天光明》这本书，这本书对我的触动很大。书中的主人公海伦是一个又聋又哑的残疾人，可是她却以优异的成绩考上了哈佛大学。读这本书的时候，海伦的坚强几乎让我觉得她和正常人一样，什么也不缺，还很健康。海伦有着坚强的毅力，而我们这些健康的人却往往没有她那样的毅力，真的是很惭愧。如果让我们每个人都体验一次残疾人的痛苦，我们就会更加珍惜现在的幸福生活了。

书中给我留下深刻印象的还有安妮·沙利文老师。海伦原来是一个脾气暴躁的女孩儿，经过沙利文老师的教育，海伦变得很温柔，并且在文学上很出色。为了海伦，沙利文老师献出了自己的青春。沙利文老师在八岁到十七岁的时间里是半盲，而十八岁以后就变成了全盲，但她也同样没放弃对生活的热爱，而且全身心地投入到对海伦的教育中，成功地培育了海伦。

读这本书，我也常常思考，假如只给我三天光明，我该怎样去做？第一天，我会尽可能地多做一些家务，多看看我身边的每一位亲人。因为我平时的生活都是他们帮我安排好的，基本不用我自己动手做什么，家务活更是基本没做过，甚至还经常提出这样那样的无理要求。要是我只有三天光明了，我一定要好好儿地看看他们。第二天，我会拿起我心爱的小提琴，用美妙的音乐给身边的人创造更美好的生活。平日里，当学小提琴碰到困难的时候，我就会有一种想放弃的念头，现在，我一定要借着光明，好好儿地享受小提琴的美妙。第三天，我会去看看所有能看到的动物、植物，因为这个世界上并不只是有人，动物、植物也是我们人类的好朋友，是它们陪伴着我度过了美好的童年。最后，我会无比留恋地再一次看看我的每一位亲人。三天过后，我将回到那个令人害怕的黑暗世界，在黑暗中回忆我的亲人和这个可爱的世界。

《假如给我三天光明》让我懂得了要有坚强的毅力和不屈的精神，要懂得珍惜自己所拥有的一切，我要感谢海伦·凯勒。

## 生词

| | | | | | |
|---|---|---|---|---|---|
| 1. 触动 | （动） | chùdòng | 6. 盲 | （形） | máng |
| 2. 聋哑 | （形） | lóngyǎ | 7. 小提琴 | （名） | xiǎotíqín |
| 3. 优异 | （形） | yōuyì | 8. 美妙 | （形） | měimiào |
| 4. 惭愧 | （形） | cánkuì | 9. 陪伴 | （动） | péibàn |
| 5. 暴躁 | （形） | bàozào | 10. 留恋 | （动） | liúliàn |

◎【例文评析】

作者在读了《假如给我三天光明》之后，并没有泛泛地谈论对这本书的评价和自己的感受，她着重谈了自己对海伦·凯勒和安妮·沙利文这两个书中主要人物的认识，还重点写了自己对“假如只有三天光明”的思考。言语中充满爱心、诚心、孝心，也有一颗感恩之心，一颗坚强的心，难能可贵。

## 读后感

### 一、读后感的概念

读后感是读完一本书或一篇文章后，从中引发出的感想、看法和评价等，它是议论文的一个特殊类型。

### 二、读后感的写作

写读后感首先要仔细阅读原文，大致了解原文的基本内容。其次要确定中心，读后的感想很多，但不能都写在文章中，要选择一个比较感兴趣、认识得比较深刻的内容作为中心论点。

写读后感的几个环节：

**（一）开头：**一般要概括地、简明扼要地概括原文中的主要内容，然后提出自己最有感受的部分，即论点。

**（二）主体：**就论点展开议论，并且联系实际，发挥想象，从自己和社会实际中选取有关的材料作为根据，进一步说明问题。要注意内容集中，突出重点。这部分是全文的重点，一定要把感受写深刻些，写得真切感人。

**（三）结尾：**归纳自己的看法，总结全文。或在此基础上把感受和现实生活结合起来，把观点进一步向前推，点明现实意义，深化主题。

### 三、读后感写作的注意事项

1. 要集中写一点，不要面面俱到。

2. 对原文的叙述不宜太详细，概括出大意即可。

3. 在文中用简洁的句子表述出自己的观点。

4. 读后感是议论文的一种，写作时的主要表达方式是议论，也可以抒情。但要注意：议论要合理，要有针对性；抒情要真实，要有感而发。

## 应用文写作·申请书　推荐信

【例文一　申请书】

**国家助学贷款申请书①**

尊敬的×××××××领导：②

我叫×××，来自××××××，于××××年×月被××××××大学录取，由于家庭贫困，难以支付本人在校期间的学费和生活费用，为了能顺利完成学业，特向贵行申请国家助学贷款××××元，其中××××元用于交学费，××××元用于生活费。③

我家在农村，全家上下 6 口人的生活来源仅靠双亲单薄的农业收入。爷爷病重，常年卧床无法下地行走，弟弟还在读书，每年家里必须拿出大部分的金钱来支持我和弟弟的学业。如今父母亲的担子一天比一天重了，身体状态也大不如从前，已经无力支付我所在学校的高额学杂费。为了继续求学，顺利完成学业，我不得不向贵行提出申请，希望可以获得国家助学贷款，解决我家的困难。④

本人愿意遵守与贵行所签定贷款合同的所有条款，并承担相应法律责任和经济责任；认真履行相应义务，按时交利息和到期还本付息；在学校遵守学校规章制度，认真学习，顺利完成学业。恳请领导给予批准支持，不胜感激。⑤

此致

敬礼⑥

申请人：×××⑦

2010 年 12 月 22 日⑧

【注释】

| | |
|---|---|
| ① 标题 | ② 称谓 |
| ③ 申请事项 | ④ 申请理由 |
| ⑤ 申请人的态度和决心 | ⑥ 敬祝语 |
| ⑦ 申请人姓名 | ⑧ 申请日期 |

◎【例文评析】

这是一份贷款申请，标题已经写明。正文分三段，第一段写明了申请事项，第二段陈述了申请国家助学贷款的理由，第三段表明了自己诚信的态度和决心。本申请书理由充分，言辞恳切，重点突出，可信度强。

## 【例文二　申请书】

### 入学申请书①

×××刊授大学：②

我是一名旅居伦敦的华人。得知国内创办刊授大学的消息，我很感兴趣，故不惜远隔千山万水，写信申请入学。③

我幼年移居英国，曾在伦敦中文补习班学习过一些汉语基础知识，但这不能满足我进一步提高中文水平的要求。我想通过目前国内开办的刊授大学得到深造。根据目前我已阅读大量中文书籍、刊物等条件，我自信能够接受刊大讲授的课程内容。④

尽管如此，我申请入学仍会给负责这方面工作的先生、女士们带来很多麻烦，但我相信，你们会理解我求学的迫切愿望，帮助我促成此事，使我成为贵校的一名学生。

请接受我郑重的申请！⑤

此致

敬礼⑥

学生：×××⑦

2010 年 12 月 28 日⑧

## 【注释】

① 标题　② 称谓　③ 申请事项

④ 申请理由　⑤ 申请人的态度和决心　⑥ 敬祝语

⑦ 申请人姓名　⑧ 申请日期

## ◎【例文评析】

这份入学申请书写得情真意切，内容充实完整，语言简明扼要，真挚地表达了作者渴望入学的迫切愿望。全文条理分明，层次清楚：首先，开门见山表达了自己的入学愿望；然后，说明了自己申请入学的原因；最后表达了自己的决心和态度。

## 【例文三　推荐信】

### 推荐信①

尊敬的先生或女士：②

您好，我是 XXX，XXX 公司的总经理。得知我公司优秀员工陈启明想要到贵校深造，我感到非常高兴和无比欣慰。在我看来，这样一个上进的年轻人应该接受良好的教育，拥有更辉煌的未来。因此，我很荣幸地向贵校强烈推荐这位优秀青年。③

陈启明同志曾在大四的时候来我公司实习。尽管对业务不太熟悉，工作经验相对匮乏，但是从不服输的他一刻也没放弃学习，利用业余时间阅读大量相关业务书籍，虚心向其他员工请教。渐渐地，他开始精通各项业务，并取得一定成绩。对此他没有满足，更没有骄傲自大。相反，遇到难题，他仍然虚心与同事交流讨论，直到找出解决方案为止。鉴于他在实习期间的出色表现，我公司破例招收他为正式员工（通常我公司不考虑接收应届毕业生）。④

现在，作为我公司的一名业务精英，陈启明同志工作更加认真、负责、努力，为所有同事树立了榜样。付出就有收获，他因此被评为本公司优秀员工，并享有高额奖金。⑤

虽然从某种意义上来说，推荐如此优秀的员工去贵校留学是我公司的损失，但是考虑到他的前途，我依然毫不犹豫地支持他远赴贵校深造。真诚期望贵校能同样支持他，给他一个提升自己、实现梦想的机会。⑥

此致

敬礼⑦

总经理：×××⑧

2010 年 4 月 1 日⑨

【注释】

① 标题　② 称谓　③ 推荐人自我介绍和推荐意见

④ 介绍被推荐人的基本情况和突出特点　⑤ 介绍被推荐人获得的荣誉

⑥ 郑重表明推荐的态度　⑦ 敬祝语　⑧ 推荐人姓名　⑨ 日期

◎【例文评析】

这是一封以个人和单位领导双重身份写的推荐信，更有说服力。内容简明扼要，客观公正，评价中肯。特别是能突出重点，着重介绍被推荐人的工作能力和取得的成绩，给人以较深的印象。

## 申请书

### 一、申请书的概念

申请书（志愿书）是单位或个人因某种需要，向有关部门、组织、社会团体提出书面请求的专用文书。一般有表格和书信两种形式。要求写清申请解决的问题及具体要求、申请的理由及动机、申请者的态度等。有些申请书要经过有关部门批准同意，才能生效。

申请书在日常生活、工作中使用范围广泛，诸如个人申请加入党组织、团组织或其他党派、群众性组织、团体，或申请报考学校，申请调入某地工作，申请给予某种补助，申请开业等，都要写申请书。

### 二、申请书的写作格式

申请书一般由标题、称谓、正文、敬祝语、署名和日期几部分组成。

#### （一）标题

标题写在第一行正中间，一般只写“申请书”三字，也可在前面加上申请事项，如“入团申请书”、“转会申请书”等。

#### （二）称谓

第二行顶格写受理申请的单位、组织或领导的名称，并加冒号。

**（三）正文**

另起一行空两格写正文，这是申请书的主体，需要依次写明：申请什么，直截了当地说明申请的具体内容；为什么申请，即申请的理由，要写得较为充分。申请的态度要诚恳，这样可以使受理者充分了解申请者的意愿和决心，从而予以批准。结语可以根据内容的不同，写"恳请批准""请领导审核批准"，等等。

**（四）敬祝语**

正文后面要写上表示感激、敬意的话。另起一行空两格写上"此致"，下一行顶格写相应的"敬礼"。

**（五）署名和日期**

在正文右下方写申请人的单位名称或个人姓名，署名下方写明提出申请的日期。

### 三、申请书写作的注意事项

1. 要实事求是。反映情况真实，叙述事实准确。申请既要符合情理，又要符合政策。不能为了达到个人的某种目的而夸大事由，弄虚作假。

2. 要朴实诚恳。表达的愿望与要求态度恳切，能得到对方的理解，达到申请的目的。

3. 文字简明。申请的事项应该简明清楚，陈述的理由应该充分明晰，使人容易明了申请者的意图。

## 推荐信

### 一、推荐信的概念

推荐信又称推荐书、引荐信，是指向用人单位推荐优秀人才或者向自己的熟人和朋友介绍引荐人才，希望对方接纳、任用时所写的一种专用书信。自荐信也是推荐信的一种，它是推荐人和被推荐人合为一体的推荐信。

### 二、推荐信的写作格式

推荐信一般由标题、称谓、正文、敬祝语、署名和日期几部分组成。

**（一）标题**

在第一行正中写"推荐信"三个字。

**（二）称谓**

在第二行顶格写给推荐人的名称，后面加冒号。

**（三）正文**

另起一行空两格写正文，这是推荐信的主要内容。这一部分主要包括三项内容：

第一部分写推荐的缘由。常常开门见山地介绍被推荐人的能力和推荐者对他的熟悉程度。

第二部分基本情况介绍。首先是被推荐者的身份介绍，如姓名、性别、籍贯、学历、政治面貌、职务、职称、工作简历等，根据用人单位的需要，选择其中的部分项目介绍。其次是被推荐者的政治表现和业务能力的介绍。政治表现包括被推荐人的思想作风和工作态度等，业务能力包括被推荐人的业务专长、主要成绩、专业成果、所获奖项等。这一段文字是被推荐人是否被录用的重要依据。

第三部分是推荐意见，也就是郑重表示推荐的态度，和希望对方予以录取的愿望。

**（四）敬祝语**

正文后面要写上表示感激、敬意的话。另起一行空两格写上“此致”，下一行顶格写相应的“敬礼”。

**（五）署名和日期**

在正文右下方写明写推荐信的单位名称或个人姓名，署名下方注明写信的日期。

有时推荐信后面还要附上被推荐人业绩的相关材料，注明推荐人的详细通讯地址，以备必要时联系之用。

## 三、推荐信写作的注意事项

1. 推荐信应尽量避免使用人人都适用的评语，要力求反映出被推荐者的特点。
2. 实事求是，不要夸大其词，符合实际情况，以求推荐有力。
3. 语言要简明，内容要具体。

## 课堂练习

### 训练一　写作

阅读下面短文，写一篇 400~600 字的读后感，题目自拟。

取长补短

猴子和大象都想吃到河对岸树上的果子。猴子苦于无法过河，大象则苦于无法摘果子。双方协商后想出了一个办法：大象驮猴子过河，过河以后，猴子上树摘果子给大象。结果它们都吃到了果子。

### 训练二　情景模拟

李力大伯家住新民街 25 号，他身患心脑血管疾病，瘫痪在床，只能靠自己的 500 元退休费维持生活，爱人张大妈无工作，每天只能在家照顾李大伯。每月除去李大伯的药费、房费、水电费，余钱所剩无几。请你帮助二老向新民街居委会写一则要求给予低保的申请。

## 课后练习

### 一、思考题

1. 写读后感时，有哪几个环节？
2. 申请书写作有哪些基本格式？
3. 推荐信写作有哪些基本格式？

## 二、综合练习题

1. 在每个句子后面都有一个指定词语，句中A、B、C、D是四个供选择的不同位置，请判断这一词语放在哪一位置上可以使句子表达正确，在指定的位置上填写代表正确答案的字母。

( ) (1) 我们A应该B如何C看待这种矛盾D的现象。 究竟
( ) (2) 您别A说这些B客气话了，这C是我们应该D做的。 再
( ) (3) 小李提前A半小时B来C到了D公园。 就
( ) (4) 我A没有B一天C为他的学习D操心。 不
( ) (5) 你们A以前没有B来往C，怎么邀请起他来D了。 什么
( ) (6) 对不起，我的护照忘带A了，我现在B回C宿舍D拿。 去
( ) (7) 她A知道了B这件事，C是不会D放过你的。 一旦
( ) (8) A这些意见，B对你C对我，D都是很重要的。 无论
( ) (9) A你们B虽然不熟悉，也C交换D交换意见。 不妨
( ) (10) 在学习上，A我B有几次考试C不是D很理想，就没有信心。 只要

2. 在每组A、B、C、D四个句子中，只有一个是正确的，请找出这个句子，在指定的位置上填写代表正确答案的字母。

( ) (1) A. 过年了，应该把孩子打扮得极漂亮的。
B. 过年了，把孩子应该打扮得漂亮极了的。
C. 过年了，应该把孩子打扮得漂漂亮亮的。
D. 过年了，应该把孩子打扮得漂亮漂亮的。

( ) (2) A. 今天天气不好，不但我今天还有事，就不去了。
B. 几家邻居都搬走了，只有老王竟然住在原来的地方。
C. 他怕烟灰弄到地毯上，从来跑到院子里吸烟去了。
D. 我来整理整理这些书吧，闲着太难受了。

( ) (3) A. 我们都应该向艾力那样处处着想为别人。
B. 我们都应该向艾力那样为别人处处着想。
C. 我们都应该向艾力那样处处为别人着想。
D. 我们都应该向艾力那样别人处处为着想。

( ) (4) A. 孩子太小了固然需要照顾，可老人也不能不管呀。
B. 据说这种机器假如出点儿毛病就不影响使用。
C. 我连续向老王解释希望得到他的谅解。
D. 你怎么多给人家出难题呀。

( ) (5) A. 这本词典陪我好几本书翻译了，也算对得起我了。
B. 这本词典陪我翻译了好几本书，也算对得起我了。
C. 我陪这本词典翻译了好几本书，也算对得起我了。
D. 我好几本书翻译了陪这本词典，也算对得起我了。

3. 修改病句。

(1) 放假以后，我决定了外出打工。

________________________________________________。

(2) 我还有几个朋友们要来看我。

________________________________________________。

(3) 我昨天去了买一本书。

________________________________________________。

(4) 我弟弟明年就毕业了大学。

________________________________________________。

(5) 玲玲经常帮助姐姐扫地、擦桌子、洗碗和做家务。

________________________________________________。

4. 连句成段。

(1) A. 那里空气稀薄，降水量少，日照充足，风速大

B. 造就了西藏人独特的膳食习惯

C. 西藏高原的平均海拔在4000米以上

D. 这种独特的地理位置和气候特点

正确顺序：________________

(2) A. 因此，医生和家长不能随便给儿童服用感冒通

B. 儿童正处于发育阶段，其肾脏功能尚不健全

C. 很容易受到药物的损害

D. 以免对儿童造成不良的影响

正确顺序：________________

## 三、能力训练题

1. 请写一份入党申请书。

写入党申请书时，需要注意：

(1) 阐明入党动机。要结合学习的政治理论和本人的认识来表明愿望。

(2) 汇报自己的进步过程。实事求是地汇报本人的思想、学习等情况。第一次写申请书，还须简单介绍一下本人的简历和家庭状况。

(3) 对照党员的标准，看到成绩，找出缺点和不足，表达愿意接受党组织帮助的愿望和迫切入党的决心。

2. 你的同学李志强在你的带动下积极要求加入学生会组织，他的性格开朗活泼，爱好书法绘画，为人热情大方，有一定的组织能力。请你以一名学生会成员的身份推荐李志强同学加入到学生会宣传部。

# 第八课

## 学习提示

**学习目标：**掌握句首语写作的方法、技巧。了解求职信和简历的格式特点，能够按照标准格式熟练写作运用。

**学习重点：**句首语写作技巧；求职信和简历的写作格式。

## MHK 写作·句首语写作

**【例文】**

请以《保护森林至关重要》为题写一篇短文。请接着第二段、第三段和第四段给出的第一句话写下去，使全文内容一致。全文要在350字以上（不包括已经给出的句子）。

**保护森林至关重要**

森林，被人们称为地球上“绿色的金子”，他是大自然的保护神。森林可以涵养水源、保持水土，可以保护自然界生态平衡，使人类得以生存。

随着世界人口的剧增，耕地越来越不能满足人类的需要，于是人类开始毁林造田或放牧，使森林面积急剧下降。________________________________________

________________________________________

________________________________________

________________________________________

________________________________________

拯救森林，保护地球，要在全球范围内制定一系列政策法规，并要采取一定的政治、经济手段来约束、制裁非法行为。________________________________________

________________________________________

________________________________________

________________________________________

________________________________________

当前，我们必须深刻认识到：________________________________________

________________________________________。

## 保护森林至关重要

森林，被人们称为地球上“绿色的金子”，他是大自然的保护神。森林可以涵养水源、保持水土，可以保护自然界生态平衡，使人类得以生存。

随着世界人口的剧增，耕地越来越不能满足人类的需要，于是人类开始毁林造田或放牧，使森林面积急剧下降。许多发展中国家的居民每年都要烧掉大量木材取暖做饭。在经济利益的驱动下，世界上有很多木材商掠夺、砍伐树木，有的国家还靠卖木料还债、换外汇。凡此种种使得人类生存的环境备受摧残，水土流失不能遏止，每年有650亿吨沃土被冲刷入大海。肥沃的土壤严重沙化，可爱的家园变为荒漠，日益频繁的沙尘暴污染着清洁的空气……我们不能只对着这毁林造成的恶果叹惜，整个地球上的人类都要赶快行动起来，拯救森林，保护地球，保护人类。

拯救森林，保护地球，要在全球范围内制定一系列政策法规，并要采取一定的政治、经济手段来约束、制裁非法行为。但各种各样的法规是人制定的，不管如何严密也不能做到“天衣无缝”，还需要有道德的约束，也就是要人们不断增强环保意识，充分认识到自然环境是我们人类生存、繁衍的物质基础，保护和改善自然环境，是我们人类维持自身生存和发展的前提。在拯救生灵的过程中，我们要将外在的法规和内在的道德结合起来对人们进行约束，使之相辅相成，这样才能更有效地保护我们人类生存的环境。

当前，我们必须深刻认识到：保护森林至关重要。人类只有依赖森林，才能幸福地生存；地球只有依赖森林，才能永葆年轻。

### 生词

| | | | | | |
|---|---|---|---|---|---|
| 1. 至关重要 | | zhì guān zhòngyào | 14. 恶果 | （名） | èguǒ |
| 2. 保护神 | （名） | bǎohùshén | 15. 拯救 | （动） | zhěngjiù |
| 3. 涵养 | （动） | hányǎng | 16. 约束 | （动） | yuēshù |
| 4. 剧增 | （动） | jùzēng | 17. 制裁 | （动） | zhìcái |
| 5. 驱动 | （动） | qūdòng | 18. 严密 | （形） | yánmì |
| 6. 砍伐 | （动） | kǎnfá | 19. 天衣无缝 | | tiān yī wú fèng |
| 7. 外汇 | （名） | wàihuì | 20. 繁衍 | （动） | fányǎn |
| 8. 摧残 | （动） | cuīcán | 21. 相辅相成 | | xiāng fǔ xiāng chéng |
| 9. 遏止 | （动） | èzhǐ | 22. 依赖 | （动） | yīlài |
| 10. 肥沃 | （形） | féiwò | 23. 永葆年轻 | | yǒng bǎo niánqīng |
| 11. 沙化 | （动） | shāhuà | | | |
| 12. 频繁 | （形） | pínfán | | | |
| 13. 沙尘暴 | （名） | shāchénbào | | | |

◎【例文评析】

这是一篇议论文。作者按照每段句首语的要求组织语段，写出与句首语在意义上顺接、语句上连贯的语段，并使全文各部分上下之间自然连成一体。第一段正面阐述了森林给人类带来的好处，第二段从反面阐述了破坏森林给地球、给人类带来的恶果，并呼吁“人类都要赶快行动起来，拯救森林，保护地球，保护人类”。第三段提出了如何采取措施“更有效地保护我们人类生存的环境”。最后一段总结，点题，也是本文的中心论点。

## 句首语写作

### 一、句首语写作的概念

句首语写作就是除给出题目外，还分出若干段落，并将一些段落的第一句话给出。考生不仅需要通过正确理解题目来确定文章的内容或主题思想，而且需要按照每段句首语的要求组织语段，写出与句首语在意义上顺接、语句上连贯的语段，并使全文各部分上下文之间自然连成一体。

### 二、句首语写作的技巧

1. 要正确理解作文题目，对文章的内容或主题思想有一个总体的把握。

2. 仔细阅读每一段的句首语，明确整篇作文的结构，确定每一段的内容重点，做到每一段说清楚一个问题，不要交叉，否则整篇作文会显得比较乱。

3. 结构定下来以后，就可以按照句首语的提示组织语段，每一段围绕一个中心来写，每段话的意思要和句首语紧密相关，语句上也要相互联接。

4. 在内容方面可以先写一些总括性的句子，然后再举一些具体的事例，这样就很充实。

5. 在语言方面，首先要注意段落之间的过渡，使全文各部分自然连成一体；其次句式也要适当的变化，避免过于单调。

## 应用文写作·求职信　个人简历

**【例文一　求职信】　求职信**①

尊敬的××公司领导：②

欣闻贵公司欲聘用计算机软件开发人员，我自告奋勇，愿意接受贵公司的选拔。③

我叫××，男，1988年出生，本市户口，现就读于××学院信息管理系计算机专业。经过三年的努力拼搏，我即将顺利地完成学业。求学期间我就十分仰慕贵公司，近日多次从电视报纸等媒体看到有关贵公司的报道，更激发了我到贵公司求职的愿望。④

大学三年，我在学业上取得了优异的成绩，掌握了计算机应用技术、计算机网络技术和数字电子技术等基本技能，通过了大学英语四级考试和全国计算机三级考试。

本人重视实践技能的培养，在计算机技能方面，熟悉WindowsXP操作系统，能熟练运用汇编语言以及Office和Photoshop等办公软件，具有一定的编程能力和软件开发能力。2010年3月实习期间，在以我为组长的实习小组的实习实训中，协助老师制作课题软件，经过学院有关技术部门鉴定，认为质量合格。在英语技能方面，能流畅地进行英语对话。2009年专家进校考评学院教学和在校生学习水平时，学生处领导责成我向一位英语专家汇报英语学习情况，我用英语向专家汇报了6分钟，交谈3分钟，得到了专家的充分肯定。在写作方面，我参加了全市的研究性学习活动课作文大赛，以我为组长的写作组的活动课作文《关于××工作的改革设想》获市级一等奖。

在学院学习期间，我担任学院学生会副主席，系学生会主席，班团支部书记，是学院第四、五届学代会代表。大学学习期间，我获得的奖项有：1. 研究性作文活动课市级一等奖；2. 院级计算机比武大赛一等奖；3. 地区级演讲比赛第二名；4. 一等奖学金3次。⑤

大学三年，我的各方面素质和能力得到了提高，知识结构和能力结构得到了完善。自认为能够胜任计算机软件开发的工作。如能有幸成为公司的一员，我将竭尽全力为贵公司的繁荣发展做出贡献。衷心期盼早日得以面谈！⑥

呈上：毕业证书复印件1份，个人简历1份，专业课成绩单1份，计算机、英语等级水平证书复印件2张，获奖证书3张，发表文章2篇。敬请参考。⑦

此致

敬礼⑧

求职人　××⑨

二〇一〇年六月五日⑩

我的联系地址：北京市××区××大街××号　邮编：10052　联系电话：××××⑪

【注释】

① 标题　② 称谓

③ 求职目标　④ 求职基本条件

⑤ 求职能力优势：专业知识、专业技能、实践技能、成果陈述

⑥ 自我评价、表明态度　⑦ 附件

⑧ 敬祝语　⑨ 求职人姓名

⑩ 日期　⑪ 联系方式

◎【例文评析】

这是一封写给单位领导的求职信，求职者希望得到软件开发的相关工作，因此着重介绍了自己计算机方面的知识背景和能力。作者在求职信的开头表明了自己对该公司的仰慕之情和关注，无过分溢美之词，又让人感到亲切。信的最后表明了自己的诚意和决心，言辞得体。

## 【例文二　个人简历】

### 个人简历

<table>
<tr><td colspan="6">一、基本情况</td></tr>
<tr><td>姓名</td><td>××</td><td>性别</td><td>男</td><td>出生日期</td><td>1988 年 5 月</td></tr>
<tr><td>民族</td><td>汉</td><td>政治面貌</td><td>中共党员</td><td>学历</td><td>大学专科</td></tr>
<tr><td>通讯地址</td><td colspan="5">北京市××区××大街××号</td></tr>
<tr><td>联系电话</td><td colspan="5">××××××</td></tr>
<tr><td colspan="6">二、学习简历</td></tr>
<tr><td colspan="3">1995.9—2001.7</td><td colspan="3">就读于北京市××小学</td></tr>
<tr><td colspan="3">2001.9—2004.7</td><td colspan="3">就读于北京市××中学</td></tr>
<tr><td colspan="3">2004.7—2007.7</td><td colspan="3">就读于北京市×××高级中学</td></tr>
<tr><td colspan="3">2007.9—2010.7</td><td colspan="3">就读于北京××学院信息管理系</td></tr>
<tr><td colspan="6">三、学习的主要专业课程</td></tr>
<tr><td colspan="6">1. 计算机类:《计算机教程》《计算机编程》《计算机软件开发与应用》</td></tr>
<tr><td colspan="6">2. 财会类:《商业流通会计》《会计原理》</td></tr>
<tr><td colspan="6">3. 经济类:《商业经济学原理》《经济信息管理概论》</td></tr>
<tr><td colspan="6">4. 外语类:《大学英语》《英语口语教程》</td></tr>
<tr><td colspan="6">5. 法律类:《经济法》《法律原理》</td></tr>
<tr><td colspan="6">四、学生工作</td></tr>
<tr><td colspan="3">2007 年 9 月—2010 年 6 月</td><td colspan="3">担任××专业×班团支部书记</td></tr>
<tr><td colspan="3">2008 年 6 月—2010 年 6 月</td><td colspan="3">担任学院学生会副主席</td></tr>
<tr><td colspan="3">2008 年 6 月—2010 年 6 月</td><td colspan="3">担任经济信息管理系学生会主席</td></tr>
<tr><td colspan="6">五、社会实践</td></tr>
<tr><td colspan="6">1. 2007 年 10 月在北京市 XX 学院参观学习。<br>2. 2008 年 8 月开展暑期社会经济与居民生活调查活动。<br>3. 2009 年 5—7 月进行计算机课程实习活动。<br>4. 2009 年 8 月进行暑期打工,体验社会生活,进行实际锻炼。<br>5. 2010 年 3—5 月进行专业技能实训活动。</td></tr>
<tr><td colspan="6">六、大学获奖情况</td></tr>
<tr><td colspan="6">1. 2009 年 5 月获研究性作文活动课市级一等奖。<br>2. 2010 年 3 月获院级计算机比武大赛一等奖。<br>3. 2010 年 6 月获地区级演讲比赛第二名。<br>4. 2008 年 3 月—2010 年 6 月共获得学院一等奖学金 3 次。<br>5. 2007—2009 年共获得优秀团干部、优秀学生干部奖 5 次。</td></tr>
</table>

◎【例文评析】

这是一份符合要求的个人简历。首先,个人简历的主要项目齐全而且安排得当;其次,能根据自己的求职意向,有针对性地介绍本人掌握的专业技能、现有的计算机水平、在校参加的实践活动以及个性特长。

## 求职信

### 一、求职信的概念

求职信,是指求职者向用人单位介绍自己的情况以谋求某一职务或岗位的书信,又称自荐信。求职信能充分表达个人意愿,向用人单位展示自己的才能和特长;用人单位也可以通过求职信了解情况,决定是否给求职者一个面试的机会,进而决定是否录用。因此可以说,求职信是求职者在求职路上迈出的第一步,它是求职者找到理想工作的重要一环,也是用人单位对其进行考核并决定是否录用的重要依据。

### 二、求职信的写作格式

求职信一般由标题、称谓、正文、敬祝语、附件、署名和日期以及联系方式等几部分组成。

#### (一)标题

标题可直接标明文种"求职信"、"求职书"或"自荐信",位置在第一行正中。

#### (二)称谓

在标题下一行顶格写求职单位或部门的名称。收信对象是单位联系人或单位负责人的,则要写上姓名、尊称或职务名称。由于求职者往往不知对方的详情,一般写较为笼统的称呼,如:"公司负责人"、" ××厂长"等。

#### (三)正文

另起一行空两格写正文,这是求职信的主要内容,是求职信的主体。主要内容应包括:

(1)求职的缘由。即为什么要向该用人单位求职。

(2)求职人的基本条件,如姓名、年龄、性别、毕业院校等。写法上可以采用"简历"式的写法。

(3)求职人的能力优势。说明能胜任职位的各种能力,这是求职信的核心部分,是求职者推销自己的关键环节,也是求职信写作的重点和难点。根据求职目标,此部分可展示以下方面的情况:一是专业知识,着重介绍自己的知识结构、特长学科以及它们与目标工作的关系;二是专业技能,展现运用知识解决实际工作中各类问题的能力,如实习中技能的发挥及单位的评价等;三是实践能力,即曾从事过的社会活动、组织能力、勤工助学能力、实习时设计与制作能力等;四是自我评价,这是对自己综合素质的小结,如责任心、道德品质、工作态度、团结协作精神等方面的评价;五是成果陈述,介绍主要成绩及优势、所取得的成果、获得的证书和奖励等。

(4)被聘后的打算。用简明扼要的语言写明被录用后会如何去做。

(5)请求语。以诚恳的态度提出自己的愿望和要求,如希望对方给予回信的愿望以及能有一个面谈的机会等。

**（四）敬祝语**

求职信的结尾要写上表示敬意或祝愿的话。另起一行空两格写上“此致”，在下一行顶格写相应的“敬礼”。

**（五）署名和日期**

在正文右下方写上求职者姓名，后面可以用“敬上”或“谨上”等词，以示礼貌和谦虚。在姓名下方写上写信的日期。

**（六）附件**

附件是求职信后附上的有关资料，如简历表、学历证书、资格证书、技术等级证书，获奖证书以及能够证明自己优势的有关材料。

## 三、求职信写作的注意事项

1. 实事求是。用成绩和事实代替华而不实的修饰语，恰如其分地介绍自己。
2. 措辞得当。写求职信要注意自己求职的身份，在措辞上一定要讲究。
3. 文字要简洁，书写清楚、美观。求职信中千万不能有错别字。

# 个人简历

## 一、个人简历的概念

个人简历是求职信的附件，一般用图表的形式说明求职者的个人情况、工作经历等，它是求职者找工作时的重要工具之一。

## 二、个人简历的写作格式

个人简历一般包括个人基本情况、学历情况、工作经历、特长、能力、兴趣爱好、求职意向等。

**（一）个人基本情况**

包括姓名、性别、年龄、籍贯、政治面貌、学校、系别及专业、婚姻状况、健康状况、身高、爱好与兴趣、联系电话等。

**（二）学历情况**

应写明曾在某学校、某专业或学科学习，以及起止时间，高学历者（硕士、博士）可以从大学写起，也可以从中专或大专写起。

**（三）工作经历**

根据个人的实际情况不同，重点说明工作的具体内容与经历，尤其是与求职目标有关的经历。

**（四）特长、能力、爱好**

写这部分内容时，不可泛泛而谈，而应该针对求职意向有重点地介绍。

**（五）求职意向**

求职意向即求职目标，或个人期望的工作职位，表明你希望得到什么样的工种、职位，以及你的奋斗目标，可以和个人特长等合在一起写。

## 三、个人简历写作的注意事项

1. 语言简洁精练，不罗列与求职无关的内容。
2. 真实客观，不虚夸，不过谦。
3. 针对性强，重点突出。

## 课堂练习

### 训练一 写作

按照句首语的提示完成作文，全文字数在350字以上（不包括已给出的句子）。

我的特别之处

我叫克里木。听到这个名字，你是否有一种特别的感觉？其实我想说的是：我有三个特别之处。想听的话，我就讲给你听。

第一个特别之处是________________________________________________________________

________________________________________________。

第二个特别之处是我有一双会说话的眼睛。________________________________

________________________________________________。

最后一个特别之处是我跑得特别快，因此同学们给我起了个外号叫“飞毛腿”。____

________________________________________________________________

____________________________________________。

我觉得我很快乐，因为我有三个特别之处，它使我与众不同！

### 训练二

**1. 病文修改**

(1) 请根据所学知识，指出下列例文中的不足之处，并进行修改。

××公司：

我的运气真好啊！就在我即将毕业的时候，贵公司开业投产了，首先我向贵公司表示热烈的祝贺！

我是全国闻名的××工业学校的应届毕业生。在校四年来，我德、智、体全面发展，各门学科学习成绩优异，专业知识扎实，动手能力强，除了长期担任组长外，还有许多的特长。大家都夸我是全才，当然我不能骄傲。但是，实事求是地说，我还真有两下子：吹、拉、弹、唱、打球、照相，样样精通。至于水平嘛，都可以说是一流的。

到贵公司服务是我梦寐以求的事，我真希望美梦成真！企盼这一天的早日到来。

我有能力胜任各方面的工作，不知贵公司是否愿意录用？恳请立即回复为要，以免误事。

顺致最崇高的敬意！

××

2010年3月4日

（2）下面是一封求职信的主要内容，其中有四处用词不当，请找出来并加以修改。

日前惠顾你社网站，得知招聘编辑的消息，我决定应聘。我是广天学院新闻专业2010届本科毕业生，学习成绩优秀，身体健康，表达能力强。现寄上我的相关资料，如有意向，可尽快与我洽谈。

① 将__________改为__________；

② 将__________改为__________；

③ 将__________改为__________；

④ 将__________改为__________。

**2. 情景模拟**

假如你是一位即将毕业的学生，请根据自己的实际情况制作一份个人简历，包括个人基本情况、学历、实践经历、特长、能力、兴趣爱好、求职意向等。

## 课后练习

### 一、思考题

1. 什么是句首语写作？
2. 求职信和个人简历写作的基本格式是什么？
3. 写求职信和个人简历时有哪些注意事项？

### 二、综合练习题

1. 在每个句子后面都有一个指定词语，句中A、B、C、D是四个供选择的不同位置，请判断这一词语放在哪一位置上可以使句子表达正确，在指定的位置上填写代表正确答案的字母。

（　　）（1）我们这儿A冬天很冷，B你得多穿衣服C，D别冻感冒了。　千万

（　　）（2）今年果汁A饮品在市场上的快速B升温，最有发言权C应该还是汇源D。　的

（　　）（3）他A会同意的，你B把道理C给D讲清楚。　只要

（　　）（4）只要A去过B杭州的人，没有C赞美西湖的D。　不

（　　）（5）大伙儿这个A凑一句，那个B凑一句，C一封感谢信很快D写好了。　就

（　　）（6）我自己A读了两遍，又请人B讲了一遍，C这D算懂了。　才

（　　）（7）A前些日子B我C失眠，这阵子D好多了。　总

(　　)（8）贫穷 A 不可怕，B 可怕的是 C 不知道 D 贫穷的根源。　并

(　　)（9）在她童年的 A 记忆里，B 能吃上一顿饱饭 C 她沉沉黑夜里 D 最甜蜜的梦。是

(　　)（10）随着 A 居民外汇持有量的持续增加，B 个人外汇买卖市场 C 也 D 活跃。开始

2. 在每组 A、B、C、D 四个句子中，只有一个是正确的，请找出这个句子，在指定的位置上填写代表正确答案的字母。

(　　)（1）A. 据统计，我国各级各类学校已有 157 万家。
B. 那个大门太窄了，拖拉机开不上去。
C. 怎么又一脸的不高兴，是不是挨了骂似的。
D. 你这本书买得太及时了，我偶尔要用。

(　　)（2）A. 同学们由于校长讲话的缘故，他们对未来充满了信心。
B. 对于校长的讲话来说，他们对未来充满了信心。
C. 在校长的讲话看来，他们对未来充满了信心。
D. 为校长的讲话所鼓舞，他们对未来充满了信心。

(　　)（3）A. 关于会议程序的问题，我们还要再商量确定。
B. 这首歌真好听，咱们把它录出来，让小王也听听。
C. 别受不了我这本旧词典，他可帮了我不少忙。
D. 她已经认错了，批评两句就来着，还罚什么款。

(　　)（4）A. 我们是给吴先生寄去了邀请信，可他忍不住会来。
B. 我们是给吴先生寄去了邀请信，可他没说的会来。
C. 我们是给吴先生寄去了邀请信，可他无所谓来不来。
D. 我们是给吴先生寄去了邀请信，可他不见得能来。

(　　)（5）A. 中国古代文化艺术展已正式在美国向观众开放。
B. 中国古代文化艺术展正式在美国已向观众开放。
C. 中国古代文化艺术展正式已向观众在美国开放。
D. 中国古代文化艺术展已正式在美国开放向观众。

3. 修改病句。

（1）这些书可以能借吗？

________________________________________。

（2）这件事情很主要，大家要重视了。

________________________________________。

（3）我以前没吸烟，也没有喝酒。

________________________________________。

(4) 请把这本书给小明还是小王。

______________________________________________。

(5) 我今后要努力把汉语学得好。

______________________________________________。

4. 连句成段。

(1) A. 在有些人看来,书呆子就等于痴呆

B. 书呆子的形象向来不佳

C. 这种人除了会读书做学问以外,几乎一无所能

D. 书呆子是一个专有名词,指那些读书成瘾成癖的人

正确顺序:______________________

(2) A. 今天,师范教育已发展成为各种教育中的一个重要领域

B. 教师职业在人类社会发展史上已有着悠久的历史

C. 随着社会的发展,国家越来越认识到师范教育的质量关系到教师的质量

D. 教师的质量决定着学生的质量

正确顺序:______________________

## 三、能力训练题

1. 根据下面的招聘启示写一封求职信。

本公司由于业务拓展需要,现招聘以下人员:

编辑4名,男女不限,大学本科以上学历,英语六级水平,有报社、杂志社工作经验者优先考虑,一经录用,待遇从优。

业务员:女性,语言表达能力强,性格开朗,有团队合作精神。有相关工作经验者优先。

项目经理:男女不限,大专以上学历,具有三年以上相关工作经验,有较强的策划及工作能力,有独立运作项目的经验。

联系电话:68796579

联系人:王刚

未来广告有限公司

2010-3-21

2. 句首语写作。

请写一篇短文,题目是《在我成长的道路上》,请接着第二段、第三段的句首语写下去,使全文内容一致。全文不得少于350字(不包括已给出的句子)。

在我成长的道路上

从我出生到现在,已经二十年了。这二十年中有许多事情都对我的学习和生活产生了很大的影响。其中有一件事情最让我难忘。

那是＿＿＿＿＿＿＿＿＿＿＿＿＿＿＿＿＿＿＿＿＿＿＿＿＿＿＿＿＿＿＿＿＿＿＿＿

＿＿＿＿＿＿＿＿＿＿＿＿＿＿＿＿＿＿＿＿＿＿＿＿＿＿＿＿＿＿＿＿＿＿＿＿＿＿

＿＿＿＿＿＿＿＿＿＿＿＿＿＿＿＿＿＿＿＿＿＿＿＿＿＿＿＿＿＿＿＿＿＿＿＿＿＿

＿＿＿＿＿＿＿＿＿＿＿＿＿＿＿＿＿＿＿＿＿＿＿＿＿＿＿＿＿＿＿＿＿＿＿＿＿＿

如今，这件事已经过去多年了，可它还深深地印在我的脑海中。这件事让我明白了＿＿

＿＿＿＿＿＿＿＿＿＿＿＿＿＿＿＿＿＿＿＿＿＿＿＿＿＿＿＿＿＿＿＿＿＿＿＿＿＿

＿＿＿＿＿＿＿＿＿＿＿＿＿＿＿＿＿＿＿＿＿＿＿＿＿＿＿＿＿＿＿＿＿＿＿＿＿＿

＿＿＿＿＿＿＿＿＿＿＿＿＿＿＿＿＿＿＿＿＿＿＿＿＿＿＿＿＿＿＿＿＿＿＿＿＿＿

**时尚篇**

① 既不要做第一个尝试时尚的人，也不要做最后一个抛弃时尚的人。——（英）蒲柏

② 我们的忠言是：每一个人都应该坚持走他为自己开辟的道路，不被权势所吓倒，不受时行的观念所牵制，也不被时尚所迷惑。——（德）歌德

③ 时尚使我们陷入许多愚行，其中最严重的是使我们成为它的奴隶。——（法）拿破仑

④ 每一代人都嘲笑陈旧的时尚，却虔诚地追随新的时尚。——（美）梭罗

⑤ 艺术创造的丑恶，将随着时间不断变得美丽；相反，时髦产生的美丽却总随着时间变得丑恶。——（法）科克托

⑥ 时髦仅是试图在生活方式和社会交往中把艺术变为现实。——（美）霍姆斯

⑦ 超前有风险，落伍招耻笑。因此，中国人处理时尚问题，就两条原则，也是两条古训：一条叫“变通以趋时”，一条叫“敢为天下先”。

# 下编

# 第九课

## 学习提示

**学习目标**:掌握给情景作文的写作方法。了解通报和通知的格式特点,能够按照标准格式熟练写作运用。

**学习重点**:给情景作文的写作技巧;通报和通知的写作格式。

## MHK 写作·给情景作文

### ▶【例文】

根据下面材料,写一篇记叙文,题目自拟。

夏日的夜晚,院子里,梧桐树下……啪!随着细微而清晰的一声爆裂,梧桐树的一块老皮剥落了,露出鲜嫩的新皮。

女儿对老树皮发出一串赞叹……

儿子对新树皮发出一串赞叹……

父亲听着、看着,深有感触地说:"我希望人世间的一切都能像你们俩所说的那样……"

**两代人**

一个夏日的夜晚,父亲和儿子、女儿坐在院子里的梧桐树下乘凉。

天气有点儿闷热,但梧桐树下比较阴凉,轻风吹来,梧桐树的叶子摇摆着,发出"哗哗哗"的声音,像是唱着一曲无名的歌,给父亲和孩子们带来了一些温馨和惬意。

忽然,啪!随着细微而清晰的一声爆裂,梧桐树的一块老皮剥落了,露出了鲜嫩的新皮。女儿瞪大了她那圆圆的眼睛,拾起了那块老树皮,兴奋地说:"哇!我还是第一次看到树掉老皮呢。"接着,女儿发出了一串赞叹:"爸爸,这老树皮的精神多么可贵啊!它辛苦了一生,最后自己剥落下来,来促进新皮的生长。它曾经为里面的新皮抵御过风吹雨打,输送过养料,当树不需要它时,它又自动退让,给新皮展示自己的机会,它有和你们老一辈一样的品质!"儿子则站起来,抚摸着新树皮赞美起来:"新树皮虽然还鲜嫩,但它敢于露在最外面,担当起保护树木和运输营养的责任。我们新一代要向新树皮学习,勇敢担当起社会的重任!"

父亲听着、看着,深有感触地说:"我希望人世间的一切都像你俩所说的那样:老一代能多帮助新一代,鼓励他们担当重任;新一代能勇于担当重任,更好地锤炼自己,老事物在不合时代潮流时让给新事物,新事物茁壮成长,使社会永远前进。"

两代人,团结着、进步着,这才是社会的希望……

## 生词

| | | | | | |
|---|---|---|---|---|---|
| 1. 梧桐 | （名） | wútóng | 10. 赞叹 | （动） | zàntàn |
| 2. 闷热 | （形） | mēnrè | 11. 抵御 | （动） | dǐyù |
| 3. 摇摆 | （动） | yáobǎi | 12. 输送 | （动） | shūsòng |
| 4. 温馨 | （形） | wēnxīn | 13. 退让 | （动） | tuìràng |
| 5. 惬意 | （形） | qièyì | 14. 抚摸 | （动） | fǔmō |
| 6. 爆裂 | （动） | bàoliè | 15. 担当 | （动） | dāndāng |
| 7. 剥落 | （动） | bōluò | 16. 感触 | （名） | gǎnchù |
| 8. 鲜嫩 | （形） | xiānnèn | 17. 锤炼 | （动） | chuíliàn |
| 9. 瞪 | （动） | dèng | 18. 茁壮 | （形） | zhuózhuàng |

◎【例文评析】

这是一道要求整体续补的给情景作文题，具有一定的代表性。材料所提供的情景是我们构思的依据：夏日夜晚，院子里的梧桐树，父子（女）三人正在纳凉，忽听得“啪”地一声响，梧桐树的老皮脱落，新皮露出，三个人便对此发表议论。作者赋予了新老树皮一定的象征意义，没有留在浅表层次就“皮”说“皮”。要特别注意文中“啪”的一声响的作用，“啪”实质上是展开议论的契机，只有“啪”地响了，才会有女儿说、儿子说、父亲说。只有听到了这“啪”的一声，也才能引出议论的对象——“老树皮”、“新树皮”。

## 给情景作文

### 一、给情景作文的概念

给情景作文（也称情境作文），就是根据具体场合的情形或某种景象、某种境地，运用联想和想象进行写作的一种作文样式。

### 二、给情景作文的写作方法

1. 认真阅读情景材料

写作给情景作文时，首先要认真阅读给出的材料，读懂材料中的故事情节，弄清什么时间、什么地点发生了什么事，主要人物是谁，或者是作者的主要观点是什么，作者要说明什么问题、什么事物。读懂材料才能把握住中心，不致于出现偏题或离题的现象。

读情景时必须要全面把握，不能断章取义，更不能以偏概全。

2. 确定文章的中心

给情景作文写作的第二步就是在读懂材料的基础上，确定文章的中心。给情景作文给出的只是写作的情景或背景，写作时应在此基础上生发出新的中心或论点。

新的中心或论点首先要准确，即不能偏离材料，其次要新颖，突破思维定势，不能人云亦云。

3. 恰当巧妙地使用材料

在写作给情景作文时不能脱离材料，要在文中适当的引用材料。一般来说，引用材料有两种形式，一种是直接引用，即直接把材料内容引入文章中；一种是间接引用，即把材料的内容用自己话在文章中表述出来。写作时可根据材料性质、文章体裁、结构安排等选择引用方式。但不管选用哪种方式，一定要将材料融入文章中，作为文章不可缺少的一部分，不能让材料脱离文章。

## 应用文写作·通知　通报

### 【例文一　通知】

**关于庆祝“三八”妇女节开展徒步健身活动的通知①**

学院各基层工会：②

今年是“三八”国际劳动妇女节100周年，为庆祝这一重大节日，我院工会以此为契机，以丰富教职工的文化生活、强身健体、凝聚力量、增进友谊为目的，经工会委员会2010年2月26日会议研究决定，组织开展全院教职工的徒步健身活动，现将活动安排如下：③

**一、活动方式**

1. 参加人员：全院教职工
2. 活动时间：2010年3月3日（星期三）下午16：00时（北京时间）。
3. 活动地点：雅玛里克山，徒步路线长约5公里。
4. 活动路线：第一站在毛主席像前集合；第二站山顶世纪厅。
5. 参加活动的人员在第二站领取活动费。

**二、活动要求：**

1. 全院教职工必须人人参加。确有原因的，需向人事处请假。
2. 各基层工会主席要做好本部门职工的组织工作。此次活动，工作人员要高度负责，认真完成分配的各项工作任务，组织好徒步活动。
3. 乘车及徒步过程中注意安全。
4. 活动具体事项安排见附件④

新疆机电职业技术学院工会（公章）⑤
2010年2月28日⑥

### 【注释】

① 标题　　② 主送机关（受文对象）
③ 通知事项　　④ 通知要求
⑤ 发文机关名称　　⑥ 发文日期

### ◎【例文评析】

这是一份活动通知，标题采用了“事由”+“文种”的方式；正文部分通知缘由简洁明了，通知事项、通知要求清晰具体；格式规范。

【例文二 通报】

**××学院关于表彰×××同学拾金不昧的通报①**

各系部:②

我院××系××专业××同学,于×年×月×日在学院操场拾得人民币捌仟元,虽然××同学家在农村,经济状况非常困难,但××同学不为重金所动,将拾到的款项如数上交到学院学工处。××同学在金钱面前表现出的高尚品德,受到全院师生广泛的赞誉。③

为表彰××同学拾金不昧的精神,本院决定奖励××同学贰百元钱,并在全院通报表彰。④

希望全体师生向××同学学习,树立良好的道德风尚,为两个文明建设做出应有的贡献。⑤

×××学院⑥

2010年1月16日⑦

【注释】

① 标题　② 主送机关
③ 被表彰人物的先进事迹　④ 给予的物质和精神奖励
⑤ 发起向被表彰人学习的号召　⑥ 发文机关名称
⑦ 发文日期

◎【例文评析】

这是一份表彰性通报。通报首先简要地概括了被表彰人物的先进事迹,然后作了高度评价,并决定予以表彰,号召全体师生员工向他学习。该通报层次清楚,语言简洁。

## 通知

### 一、通知的概念

通知是公务活动中最常用的一种公文。它传达上级机关的指示,让下级机关知晓或要求下级机关办理,批转下级机关公文,转发上级机关和不相隶属机关的公文。

根据通知内容的不同,通知可分为:指示性通知、批示性通知、告知性通知、会议通知、任免通知、发布性通知等。

### 二、通知的写作格式

通知一般由标题、主送机关、正文、发文机关和发文日期几部分组成。

**(一) 标题**

通知的标题一般由机关、事由和文种组成,如"新疆大学关于召开第十二届学生运动会的通知",有时也可直接由事由和文种组成,或只写"通知"二字。

**(二)主送机关(受文对象)**

所有通知都必须有主送机关,即必须指定此通知的承办、执行和应当知晓的主要受文机关。这些机关一般为直属下级机关,或需要了解通知内容的不相隶属的单位。

**(三)正文**

不同类型通知,写法各有不同:(1)指示性通知由缘由、事项和结尾组成。讲清道理,明确任务,提出方案。(2)批示性通知由转发或批转什么机关的公文和执行要求组成。(3)告知性通知由缘由和事项组成。(4)会议通知由时间、地点、人员、会议内容、会议要求组成。(5)任免通知由何级组织研究、决定任免何人的何职务组成。(6)发布性通知由发布法规的名称、实施时间等组成。

**(四)发文机关和发文日期**

在通知的右下方要签署发文机关名称,并标注发文日期。发文机关名称要写全称或规范化的简称,发文日期用汉字书写,并写全年、月、日,加盖公章。

### 三、通知写作的注意事项

各种通知都必须写得符合实际,切实可行。应知、应办事情交代清楚,语气恳切庄重,文字要简练准确。

## 通报

### 一、通报的概念

通报是用于表扬好人好事、批评错误、传达重要情况时使用的公文。主要有表彰、惩戒、告知等作用。一般可以分为表彰性通报、批评性通报、情况性通报三种。

### 二、通报的写作格式

通报一般由标题、主送机关、正文、发文机关和发文日期几部分组成。

**(一)标题**

通报的标题一般由发文机关、事由和文种组成,如“国务院办公厅关于部分地区违反国家棉花购销政策的通报”,也可由事由和文种组成,如“关于2009届毕业生就业情况的通报”,或者直接由文种构成。

**(二)主送机关**

主送机关一般为直属下级机关,或需要了解该通知内容的不相隶属的单位。

**(三)正文**

不同类型的通报,写法各有不同:(1)表彰性通报的正文,要介绍先进事迹和经验,分析评价事迹的意义,作出表彰的决定,提出希望和要求。(2)批评性通报的正文,要介绍错误事实,分析根源和教训,作出处理的决定,提出希望和要求。(3)情况性通报的正文,要根据情况作出介绍和分析,表明发文者的意见和要求。

**(四)发文机关和发文日期**

在通报的右下方要签署发文机关名称,并标注发文日期。发文机关名称要写全称或规范化的简称,发文日期要写全年、月、日,加盖公章。

## 三、通报写作的注意事项

1. 内容要典型，有针对性。
2. 坚持实事求是的原则。
3. 措辞要严谨，叙述要准确。

## 课堂练习

### 训练一　写作

根据以下材料，结合中国个别家庭教育孩子的实际情况，以家长对孩子的教育为中心展开议论。可以从孩子的角度阐述有志青年应敢于独立奋斗，不应依赖父母这个主题；也可以从家长的角度论述如何给孩子最好的教育这个主题。

美国著名的演员戴维·布瑞纳中学毕业后向父亲求助，父亲给他一枚硬币，并告诉他："用这枚硬币买一张报纸，一字不漏地读一遍，然后翻到广告栏，自己找一份工作，到社会上闯一闯。"后来，戴维·布瑞纳经过艰苦奋斗取得成功。这个明星回首往事时，说："父亲的那枚硬币是最好的礼物。"

可惜的是，现在有很多父母不懂这个道理。

据报道，有一位暴富起来的家长，将5万元人民币划入他读初一的独生子账上，造就了一个"小款爷"。于是，这孩子上学路上雇同学代背书包，作业也雇成绩好的同学做，结果在学校占了两个第一：存款第一，学习成绩倒数第一。

**写作要求**：字迹端正，标点正确；用词准确，语句通顺；字数在400字以上。

### 训练二

**1. 病文修改**

请根据所学知识，指出下列例文中的不足之处，并进行修改。

关于刘××的通报

各系、处、室，各班级：

我院09计算机班学生刘××，2010年11月30日中午到学院饭堂吃饭的时候，看到排队打饭的人多，就要强行插队打饭。有同学劝他要遵守纪律，他不听，还破口大骂纠察队员，并且拿起饭碗打在了纠察队员的头上，致使那位纠察队员头部受伤。刘××的行为引起了在场同学的公愤。

据查刘××平时学习也不够刻苦，上学期期末考试有一科成绩仅得了21分。

经学院领导研究决定，给予刘××记大过处分一次。

××职业技术学院

2010年12月4日

**2. 情景模拟**

请根据下面的材料写一份会议通知，标题、主送机关自拟。

××省教育委员会准备召开一个全省教改研讨会，与会代表为大专院校的有关专家、学者，院校负责人。会议地点是该省省委培训中心，会期5天，即12月3–7日，每位代表提交一篇相关论文，打印150份交会务组。报到时间为12月2日，报到地点为省委培训中心三楼4号房间。与会人员乘火车、汽车或乘飞机到达后，可与刘××联系。市区火车南站、公共汽车120路总站和机场，都有专车接。会务费500元，食宿自理。

## 课后练习

### 一、思考题

1. 给材料作文应如何写作?
2. 通报和通知的基本格式是什么?
3. 通报和通知有什么区别?

### 二、综合练习题

1. 在每个句子后面都有一个指定词语，句中A、B、C、D是四个供选择的不同位置，请判断这一词语放在哪一位置上可以使句子表达正确，在指定的位置上填写代表正确答案的字母。

(　　)(1) 这次A飞越长城B使用的C自行车是D普通的山地车。所

(　　)(2) 这些人A看样子B受过C专门的D训练 。都

(　　)(3) 据说A要唤醒一个人的B记忆，C要熟知他记忆中D最深刻难忘的画面。必须

(　　)(4) 我A说不清为什么，B就是C不喜欢D回家。也

(　　)(5) 常与父亲A交谈，父亲也B萌发了活力，C对我说些D他年轻时的经历。时不时

(　　)(6) A开除B开除，C随他的便，D我才不怕呢！就

(　　)(7) 因为时间的关系，今天A可能B和网友们C作更多的D交流。不

(　　)(8) 相比A一夜走红的幸运，B中国人C更崇尚D一步一个脚印的信条。于

(　　)(9) A这种视觉奇迹B在电脑特技C发展的D今天才可能有幸目睹。只有

(　　)(10) 无论是A办公室还是B家庭，当你走进去的时候，对你C触动最大的D色彩之外就应该是家具了。除了

2. 在每组A、B、C、D四个句子中，只有一个是正确的，请找出这个句子，在指定的位置上填写代表正确答案的字母。

(　　)(1)A. 我的家乡因为盛产木材，所以无法运出来。

B. 在餐桌上，客人们总是一面喝酒吃菜，一面再吃米饭。

C. 我曾经非常想去新疆旅游，但由于种种原因，最后还是去了。

D. 质量是一个企业的生命，非得认真对待不可，绝不能小看。

(　　)(2)A. 大家都说她今年有40岁了，但在她打扮的样子她只有30多岁。

B. 作家应该是读者的朋友，和读者平等地应该一起探讨问题。

C. 正是因为说话跟吃饭、走路一样的平常，人们才不去想它究竟是怎么回事。
D. 我从农村来到城市，看到这里的人比我们家乡非常多。

(　　)(3)A. 商场的服务员都很热情，见到顾客没有不主动打招呼的。
B. 商场的服务员都很热情，不见到顾客没有主动打招呼的。
C. 商场的服务员都很热情，没有不见到顾客主动打招呼的。
D. 商场的服务员都很热情，打招呼没有不主动见到顾客的。

(　　)(4) A. 请你们放心，我一定会从上级的愿望把一切安排好的。
B. 请你们放心，我一定会按上级的要求把一切安排好的。
C. 请你们放心，我一定会把上级的指示把一切安排好的。
D. 请你们放心，我一定会以上级的命令把一切安排好的。

(　　)(5) A. 为了防止得病，而且加强锻炼外，还要注意卫生。
B. 为了防止得病，除了加强锻炼外，还要注意卫生。
C. 为了防止得病，不但加强锻炼外，还要注意卫生。
D. 为了防止得病，因为加强锻炼外，还要注意卫生。

3. 修改病句。

(1) 他从来是我的朋友，我怎么能不认识他呢。

______________________________

(2) 我的个子比他的个子有点儿高一些。

______________________________

(3) 我们的国家每天都发生着新的变更。

______________________________

(4) 校领导平常关心着我们，我们很感动。

______________________________

(5) 老师一进来，教室里一下子安静起来了。

______________________________

4. 连句成段。

(1) A. 可以吸收更多的二氧化碳和其他成分
B. 如果每天让植物处在一定的噪声下，可以加快植物生长和提高产量
C. 噪声使农作物增产
D. 科学家通过试验证实，植物受声响刺激后气孔张至最大
正确顺序：________

（2）A. 它知道感恩

B. 等到来年，大地再将花儿要的养分送给它

C. 所以它开过之后便将花朵回送给大地

D. 大地也知道感恩

E. 花儿知道没有大地就没有它的艳丽

正确顺序：________________

## 三、能力训练题

1. 新疆建设职业技术学院决定于 2010 年 5 月 6 日至 8 日在学院的运动场举办春季运动会。本次运动会由学院体育教研室主办，教务处和学生处协办。比赛项目主要分田赛和竞赛两大项，具体要求看比赛的细则，请同学们踊跃报名参加。根据以上情况，请你代学院体育教研室拟一份通知。

**习惯篇**

① 人的思考取决于动机，语言取决于学问和知识，而他们的行动，则多半取决于习惯。

——（英）培根

② 习惯一旦培养成功之后，便不用借助记忆。很容易地自然地就能发生作用。

——（英）洛克

③ 习惯之链很弱，往往感觉不到；一旦感觉到了，就已经牢固地不易绷断了。

——（英）约翰逊

④ 在儿童时期没有养成思想的习惯，将使他从此以后一生都没有思想的能力。

——（法）卢梭

⑤一个人应养成信赖自己的习惯，即使在最危急的时候，也要相信自己的勇敢和毅力。

——（法）拿破仑

⑥ 无论如何细小不足道的事，都反映出一个人的意识与性情。修改小习惯，就等于修改自己的意识与性情。

——（美）爱默生

⑦ 学会了自学的本领，养成了自己的习惯，将来离开了学校，才能在工作和生活中不断自我充实、自我修养，成为有益于人民的人、有益于社会的人。

# 第十课

## 学习提示

**学习目标**:掌握给提纲作文的写作方法,运用说明主题、分析原因或解释做法等表达方式,培养学生分析问题、解决问题和联想创新能力。了解报告的格式特点,能够按照标准格式熟练写作运用。

**学习重点**:给提纲作文的写作技巧;报告的写作格式。

## MHK 写作·给提纲作文

【例文】

下面是一篇议论文的写作提纲,请根据提纲写一篇 500 字左右的议论文。

勤奋是成才的第一秘诀

一、提出论点:勤奋是成才的第一秘诀。

二、说理论证:

1. 论证勤奋与成功的关系。围绕论点举例说明只有勤奋才能成功。

2. 联系学生实际论证勤奋的重要性。

三、得出结论:勤奋才是成才的第一秘诀。

**勤奋是成才的第一秘诀**

有这样一幅图画:在一片葱郁的草地上,有六匹马正在咀嚼着青草,它们个个都长得十分雄健;只有一匹马躺在一片没有青草的荒地上睡着觉,而且瘦得可怜。

看了这幅画儿,我的感想很多,其中感受最深的就是:无论我们做什么事情都不能懒惰,一定要勤奋。只有勤奋,将来才能成为一个对国家对社会有用的人才,否则,像那匹瘦马一样,整天睡大觉,那么永远也不能成为一匹骏马良驹。

我国当代数学家陈景润,在攀登数学高峰的道路上,翻阅了国内外上千本有关资料,通宵达旦地看书学习,演算研究,最后取得了震惊世界的成就,成为最接近数学王冠上的明珠—— 哥德巴赫猜想的第一人。

大发明家爱迪生，为了研究出理想的白炽灯丝，进行了上千次的实验，几乎所有的金属都被他试验过了，他正是凭着这种勤奋刻苦的精神才取得了“白炽灯”的成功，成为世人仰慕的发明大王。几乎所有取得突出成就的人都有一部勤劳刻苦奋斗竞争的历史，绝少有靠投机取巧取胜的。可见任何成就的取得都是与刻苦勤奋分不开的。

高尔基说过：“天才出于勤奋”。卡莱尔也说过：“天才就是无止境地刻苦勤奋的努力。”这些名人的经验之谈告诉我们：只有勤奋，才能成才。

现在，我们就好比是那七匹马，老师每天给我们讲的知识就是地上那青青的野草。我们每个人都站在同一个起跑线上，学校家庭给我们的学习环境也是再好不过的了。可为什么有的同学学习好，而有的同学就学习不好呢？根本的问题就是看谁勤奋，其次才是天份和方法。

谁不希望能为祖国多做贡献？谁不希望自己能成为一个栋梁之才？但是，不管你的理想有多么远大，都请记住：勤奋才是成才的第一要诀。

## 生词

| | | | | | |
|---|---|---|---|---|---|
| 1. 秘诀 | （名） | mìjué | 9. 演算 | （动） | yǎnsuàn |
| 2. 葱郁 | （形） | cōngyù | 10. 震惊 | （动） | zhènjīng |
| 3. 咀嚼 | （动） | jǔjué | 11. 白炽灯 | （名） | báichìdēng |
| 4. 雄健 | （形） | xióngjiàn | 12. 仰慕 | （动） | yǎngmù |
| 5. 懒惰 | （形） | lǎnduò | 13. 投机取巧 | | tóujī qǔqiǎo |
| 6. 骏马良驹 | | jùnmǎ liángjū | 14. 无止境 | | wúzhǐjìng |
| 7. 攀登 | （动） | pāndēng | 15. 天份 | （名） | tiānfèn |
| 8. 通宵达旦 | | tōng xiāo dá dàn | 16. 栋梁 | （名） | dòngliáng |

◎【例文评析】

本文的标题就是论点，但是作者并没有直接论证，而是从一幅画儿写起，展开联想，提出问题，然后用陈景润、爱迪生的事迹，用高尔基、卡莱尔的名言进行论证，有理，有据，层次清晰，具有较强的说服力。

## 给提纲作文

### 一、给提纲作文的概念

给提纲作文就是除了作文题目以外，再给出文章的提纲，要求根据确定的提纲写出具体的内容。

### 二、给提纲作文写作指导

完成给提纲作文，就是要在每一段里围绕确定的中心，补充丰富的例子，并且适当地增加一些分析、描写、说明或议论，使文章的主题更加明确。

写给提纲作文时的具体步骤如下：

（一）认真研究所给提纲

要仔细领会提纲的含义，不能遗漏提纲要点，更不能错误理解提纲的意思。

（二）确定各段的主题句

根据所给提纲写出各段的主题句，合格的主题句应具备以下要点：

1. 结构、意义完整

主题句结构要完整，即结构符合语法规则；意义要完整，即主题句是一个符合逻辑的完整句子。

2. 表意清晰

主题句要清晰明确，不能使用意思含混的词语或句子。

3. 内容具体

主题句的内容要明确具体，言之有物，这样有利于段落的展开。

4. 简明准确

主题句的用词要准确，简单明了，避免使用修饰语过多的复杂句子。

（三）逐步展开段落

围绕确定的主题句添加内容，如具体的描写叙述、分析说明、用来证明论点的例子等。

## 应用文写作·报告

【例文　报告】

### ××市人民政府关于治理××河水质污染问题的报告 ①

××省人民政府：②

省政府转来××××××委员会提出的关于××河水质污染状况的报告，经市政府调查研究，对报告中提出的有关问题及解决方案报告如下：③

一、解决××河水质污染问题的关键是尽快建成污水处理厂。现在××河的污染主要是××区排放的污水所致。××区每年的污水排放量为25万吨，而且比较集中，因污水处理厂未能及时建立，致使污水直接排入××河，造成了××河的污染。

为解决××河的污染，市政府已抓紧××区污水处理厂建设，争取在××××年建成。××区污水处理厂原设计概算为8316万元，按现行价格估算约为1100万元，已于××××年×月开工，建成了8项附属设施，计完成投资2000万元。市政府今年安排的3000万元投资已全部落实，××区城环保局正在组织实施。

根据××河河道以南人口密集区的地下水污染和环境问题，在污水处理厂未建成之前，利用现有污水管道，把污水引到某区污水处理厂以西，污水直接排入污水处理厂的出口，这就避开了污染区。

二、电热厂的粉煤灰也是污染源之一。对于电热厂储灰厂的选址，必须考虑到对地下水和环境的污染。选址工作已责成××区电热厂办理，争取尽快报市政府有关部门审批。对南储灰厂渗漏对地下水的污染，主要采取截流集中排放的措施，以减少对地下水的污染。④

××市人民政府⑤

20××年×月×日⑥

【注释】

① 标题　② 主送机关　③ 报告的缘由

④ 报告的主体　⑤ 发文机关　⑥ 发文日期

◎【例文评析】

本文是一篇答复报告，针对有关部门的询问作出回答。本文答复思路清晰，按照问题——原因——解决的措施和方案的思路进行答复。

## 报告

### 一、报告的概述

#### （一）报告的概念

报告是下级机关向上级机关汇报工作、反映情况、提出意见或建议、答复上级机关询问或要求的一种陈述性的上行公文。

#### （二）报告的特点

1. 单向性

报告是下级机关向上级机关汇报工作、反映情况、提出建议时使用的单方向上行文，不需要上级机关给予批复。在这方面，报告和请示有较大的不同，请示具有双向性特点，必须有批复与之相对应，报告则是单向性行文，不需要任何相对应的文件。因此要特别注意：类似“以上报告当否，请批示”的说法是不妥当的。

2. 陈述性

报告在汇报工作、反映情况时，所表达的内容和使用的语言都是陈述性的。本单位遵照上级的指示，做了什么工作、怎样做的这些工作、取得了哪些成绩、还存在哪些不足，要一一向上级陈述。反映情况时，也要把时间、地点、人物、事件、原因、结果叙述清楚，向上级机关提供准确的现实性信息。即便是提出建议的报告，也要在汇报情况的基础上，才能进一步提出建议来。

3. 事后性

在机关工作中，有“事前请示，事后报告”的说法。多数报告，都是在开展了一段时间的工作之后，或是在某种情况发生之后向上级做出的汇报。但建议报告没有事后性特点，应该尽量超前一些，如果木已成舟，再提建议也没有意义了。

## 二、报告的类型

报告的种类很多。人们习惯上按内容将报告分为工作报告、情况报告、建议报告、答复报告及报送报告。

### （一）工作报告

凡是用来向上级汇报工作的报告，都是工作报告。工作报告又可分为综合工作报告和专题工作报告两种。

综合报告涉及面宽，要把主要工作范围之内的方方面面都涉及到，可以有主次的区分，但不能有大的遗漏。大到国务院提供给人民代表大会的政府工作报告，小到某单位向上级提供的年度、季度、月份工作报告，都属于这种类型。

专题报告的涉及面窄，只针对某一方面的工作或者某一项具体工作进行汇报，如党的机关关于“三讲”工作的报告、行政机关关于技术革新工作的报告，等等。

### （二）情况报告

如果本单位出现了正常工作秩序之外的情况，譬如说发生了事故，出现了意想不到的问题等，对工作产生了一定程度的影响，应该及时向上级将有关情况原原本本地进行汇报。

### （三）建议报告

对自己职权范围内的某方面工作有了深思熟虑、切实可行的设想之后，将其归纳整理成意见、办法、方案，上报上级，希望上级机关采纳，这就是建议报告。如林业部制发的《关于进一步加强森林防火工作的报告》。

### （四）答复报告

答复上级机关询问的报告，称为答复报告。这种报告内容针对性最强，上级询问什么，就答复什么，不能答非所问。对待上级机关的询问，一定要慎重，如果不了解真情，要经过深入的调查研究后再作答复。

### （五）报送报告

这是向上级报送文件、物件时使用的报告。报告正文通常非常简略，只需写明“现将××××报上，请指正（请查收）”即可。真正有意义的内容都在所报送的文件里。

## 三、报告的写作方法

报告的结构包括标题、主送机关、正文、发文机关和发文日期几部分。

### （一）标题

报告的标题有两种，一种是由发文机关、主要内容和文种构成，如《国务院关于当前水环境形势和水污染防治工作的报告》；另一种是由主要内容和文种构成，如《关于进一步加强我市公共场所防火工作的报告》。

### （二）主送机关

报告的主送机关应为发文机关的直属上级机关。

### （三）正文

报告的正文由报告的缘由、事项、结束语三部分组成。

1. 缘由

报告的开头要用简要概括的语言，写明报告的原因、依据和目的。然后用“现将有关情况汇报如下”之类的过渡语，转入报告主体。

2. 事项

本部分是报告的核心和主体。要重点写明工作进展情况、采取的措施及取得的成效、存在的问题及不足、对今后工作的意见，或写明事情发生的基本情况，对事情做出准确分析、评价、说明处理结果或提出处理意见，等等。

3. 结束语

报告的结束语常见的有两种：一种是根据报告的事实或问题提出几点建议或意见，供领导参考；另一种是采用模式化的套语收结全文，如："特此报告"、"请指正"、"以上报告，请审阅""以上报告如无不妥，请批转执行"，等等。

**（四）发文机关和发文日期**

报告应在正文右下角注明发文机关和发文日期，并加盖公章，如在标题中已写明发文机关，落款处可略去此项。

## 课堂练习

### 训练一　写作

根据所给提纲，写一篇500字左右的短文。

我最喜爱的一首歌

提纲：

1. 我最喜爱的一首歌是什么。
2. 我第一次听到这首歌的感受。
3. 后来每当我听到这首歌时内心的感受。

### 训练二

**1. 病文修改**

请根据所学知识，指出下列例文中的不足之处，并进行修改。

申请报告

尊敬的学院有关领导：

由于本人家住海滨市，路途遥远，上课时经常不便往返，加上阴天下雨、下雪或晚自习辅导就无法回家。特申请给本人解决住宿问题。期盼院领导根据本人的实际困难，予以解决为由！

此致敬礼

申请人：王小民

2010年9月25日

**2. 情景模拟**

学校经费紧张，请你以学校的名义，给直属上级机关写一份请求拨款的报告。

## 课后练习

### 一、思考题

1. 如何写作给提纲作文？
2. 报告的基本格式是什么？
3. 如果要写一份休学报告，你打算怎么写？

### 二、综合练习题

1. 下面句子中有 A、B、C、D 四个带下画线的词语，去掉其中某一个词语会使句子变成病句。请找出这个不能删去的词语，在指定的位置上填写代表正确答案的字母。

(　　)(1) 大部分土楼有两三百年甚至五六百年的历史，经受无数次地震撼动、风雨侵蚀以及炮火攻击而安然无恙。
A 大部分　B 的　C 经受　D 炮火

(　　)(2) 面具运用象征、夸张的手法，使戏剧中的人物形象突出、性格鲜明。
A 运用　B 的　C 戏剧中的　D 形象突出

(　　)(3) 手指的全体，同人群的全体一样，五根手指如果能团结一致，成为一个拳头，那就根根有用，根根有力量，不再有什么强弱、美丑之分了。
A 如果　B 一个　C 那　D 什么

(　　)(4) 要是我做错了事，您就结结实实地打我一顿好了。
A 要是　B 就　C 打　D 一

(　　)(5) 回来后，我对自己进行了反思，在家中，我往往不那么注意节约，甚至有时还有些浪费与奢侈。
A 对　B 反思　C 那么　D 有时

(　　)(6) 现在我对于自己的处境已稍稍有了好感，不再整天把眼睛望着海面，等待有什么船来。
A 稍稍　B 把眼睛　C 海面　D 有什么

(　　)(7) 汤姆的冒险心一刻也没有消失过，他知道传说中的海盗都会把金银财宝埋在干枯的老歪脖子树下。
A 也　B 的　C 会　D 把

(　　)(8) 这时，人们叮叮当当地敲响了铜碗铁盆，滴滴答答的喇叭声与人们的喧嚷声汇成了一片。
A 这时　B 地　C 与　D 了

(　　)(9) 圣诞节到了,所有孩子都给老师买了平安果,都是在那个最大的超市买来的。
A　B　C　D

(　　)(10) 人们成群结队地涌向河岸,去迎接那两个乘敞篷车归来的孩子。
A　B　C　D

2. 在每题的语句中有一处或两处画横线处,题后有 A、B、C、D 四个答案,其中只有一个可以放入横线处使语句表达通顺。请找出这个句子,在指定的位置上填写代表正确答案的字母。

(　　)(1) 阿依努尔______取得这么优秀的成绩______她平时学习很努力。
A. 虽然……但是……　B. 如果……那么……
C. 因为……所以……　D. 之所以……是因为……

(　　)(2) 家里静得______一只鸟落到房顶上______能听见。
A. 既……又……　B. 虽……却……
C. 连……都……　D. 越……越……

(　　)(3) 我______回家晚了,你______自己先吃饭吧。
A. 要是……就……　B. 只要……就……
C. 虽说……却……　D. 不管……都……

(　　)(4) 她挑选了半天,________________。
A. 也没买到一件喜欢的毛衣　B. 也没毛衣买到一件喜欢的
C. 买到也没喜欢的毛衣一件　D. 一件的毛衣也没喜欢买到

(　　)(5) 这个图书馆________________。
A. 一次五本书限每人只能借　B. 每人一次限借只能五本书
C. 每人只能限借五本书一次　D. 每人一次只能限借五本书

3. 修改病句。

(1) 不但他学习好,而且常帮助其他同学。

________________________________________。

(2) 广大的农村青年表现了无比的走社会主义的热情。

________________________________________。

(3) 清晨,参加长跑的同学们在操场上飞快地驰骋着。

________________________________________。

(4) 他向大家汇报了学习这篇课文。

________________________________________。

(5) 一进幼儿园,我就看见了一张张可爱的小脸和一阵阵动听的歌声。

________________________________________。

4. 连句成段。

(1) A. 母亲尽量把雨伞偏向女儿一边

B. 一天在回家的途中，天刮着风，下着瓢泼大雨

C. 而她自己大半个身子都被雨淋湿了

D. 这真是一幅无声的令人感动的爱怜图呀

E. 一对母女共同撑着一把伞在雨中前行着

正确顺序：________________

(2) A. 又一只蜻蜓向我飞来。我瞄准它的脑袋用力一击，竹竿的前端重重地落在地上，折断了。我又举起竹竿用力一击，可还没打着

B. 暑假，我到姥姥家去玩儿。姥姥家门前有一块很大的草坪，邻居家的孩子举着竹竿在草坪上追逐着蜻蜓，我也顺手拿了一根竹竿加入这场战斗

C. 我累得气喘吁吁，满头大汗，那只蜻蜓却显得格外神气

D. 一只蜻蜓快活地向我飞来，我举起竹竿，迎头一击，蜻蜓灵巧地一闪，转两个弯，悠闲自得地向远方飞去了

正确顺序：________________

## 三、能力训练

1. 写一份关于你们班学习情况的报告。

2. 根据下面的要求和提纲写一篇短文。

写作要求：(1)全文不少于500字；(2)字迹端正，标点正确；(3)用词正确，语句通顺，内容完整。

他让我懂得热爱生命

提纲：

1. 我们每个人都知道，生命是很宝贵的。

2. 他的生活很难，但他非常乐观，非常努力。

3. 从他那儿我明白了生命的价值，下决心过好自己的一生，不让自己后悔。

**诚信篇**

① 失言足以致人死命，走错了路倒没有生命危险：因为走错路，最多不过迟到一会，而失言往往使人倾家丧命。 ——阿拉伯谚语

② 甚至那些行为卑劣的人，也不能不承认光明正大是一种崇高的德性而伪善正如假黄金，也许可以骗取到货物，但毕竟本身是毫无价值的。 ——(英)培根

③ 狡猾的计谋只能使你占一次便宜，但是以后永远要吃亏。 ——(英)洛克

④ 失掉信用的人，在这个世界上已经死了。 ——(英)赫伯特

# 第十一课

## 学习提示

**学习目标：**掌握缩写的方法，能在阅读所给材料后根据题目要求，在限定的时间内，完成一篇规定字数的作文；了解请示的格式特点，能根据实际情况写出基本规范的请示。

**学习重点：**缩写的写作方法；请示的书写格式。

## MHK写作·缩写

**【原文】**

### 卖火柴的小女孩儿

这是一年的最后一天——平安夜，鹅毛般的大雪纷纷扬扬地从天空中飘落下来，天气冷得可怕。

一个卖火柴的小女孩儿在街上走着，她的衣服又旧又破，打着许多补丁，脚上穿着一双妈妈的大拖鞋，但是这又有什么用呢？她还是又冷又饿，风吹得她瑟瑟发抖。她的口袋里装着许多盒火柴，一路上不住口地叫着："卖火柴呀，卖火柴呀！"人们都在买节日的食品和礼物，又有谁会理她呢？

已经中午了，她一根火柴也没卖掉。她又饿又冷地向前走，雪花落在金黄的长发上。她走到一幢楼房的窗前，朝里张望。啊！屋里那棵圣诞树多漂亮啊！一位母亲正和两个孩子在玩耍，那孩子该多幸福啊，桌子上还点着许多彩色的蜡烛，有红的、黄的、绿的、白的，她最喜欢那些红色的蜡烛，在桌上格外显眼。看到这些，小女孩儿想起了她的祖母和妈妈，她们最疼爱她，可是，她们都去世了，想着想着，小女孩儿哭了。

哭着哭着，她又走上了大街，突然，"轰隆"一声，一辆马车经过，差一点儿将她撞倒。

马车飞一样跑过去了，小女孩儿的身上沾满了泥水，而且拖鞋也丢了，她只好赤着脚，在雪地里喊着：

"火柴，谁要火柴。"夜幕已经降临，小女孩儿的脚已冻得发红发青。大街上到处都是烤鹅肉的香味。"啊，有钱的人家准备过节了。"她实在走不动了，疲惫地缩在一个墙角里。她不敢回家，因为她没有卖掉一根火柴。而且家里也很冷，风可以从许多地方刮进屋子里来。

她冻得发抖，她需要温暖，哪怕有一根火柴的光和热也好。

她的一双小手几乎冻僵了。太冷了。她决定划着一根火柴,让它燃烧。

"哧!"火柴燃烧了,像一朵温暖、光明的火焰,小女孩儿觉得像坐在火炉旁一样。火烧得那么欢,那么暖,那么美!这是怎么回事呢?当小女孩儿刚刚伸出她一双脚,打算暖和一下时,火焰忽然熄灭了,火炉也不见了。她坐在那儿,手中只有烧过的火柴。她又划了一根火柴,火柴燃烧起来,发出了光。

墙上有亮光照着的那块地方突然变得透明,像一片薄纱,她可以看到房间里的东西,有馅儿饼,有烤鹅,更有趣是的,这只烤鹅从盘子里跳出来了,它的背上插着刀叉,正在地上走着呢,一直向小女孩儿走过来。她伸出手去,火柴又熄灭了,她摸到的是冰冷的墙壁。

她又划了一根火柴,火柴燃烧起来,变成一朵粉红色的光焰。

她发现自己坐在一棵美丽的圣诞树下,比中午见到的那棵圣诞树还要大,还要美丽,树枝上有几千只蜡烛。小女孩儿把双手伸过去,火柴又熄灭了。几千只蜡烛都变成了明亮的星星。这些星星中有一颗落下来,在天空中划出一条长长的亮光。她又划了一根火柴。

啊!火光中出现了她日日夜夜思念的老祖母,她扑进老祖母的怀抱。

"祖母!"小女孩叫起来。"请把我带走吧!带到那没有寒冷、没有饥饿的地方。我知道,这根火柴一熄灭,你就会不见了。就像那温暖的火炉,那美丽的烤鹅,那幸福的圣诞树一样,我什么也看不见了。"于是,小女孩儿把剩下的火柴全划着了,因为她非常想把祖母留住。

火柴发出更加强烈的光芒,照得周围比白天还要明亮,祖母是那样慈祥,她把小女孩儿抱起来,她们在光明和幸福中飞走了。越飞越高,真的到了没有寒冷、没有饥饿的地方。

新年的早晨,人们看到小女孩儿仍坐在墙角里,她双颊通红,脸上带着幸福的微笑。可是,她已经死了,冻死在圣诞节的夜晚,手里紧紧地握着一把烧过的火柴梗。

【缩写】

### 卖火柴的小女孩儿

大雪弥漫、又冷又黑的圣诞节晚上,一个光头赤脚的小女孩儿在街上走着,她的脚已经冻得又红又青了。

她一整天也没有卖掉一根火柴,没有挣到一分钱。她又冷又饿,不敢回家,只得在一座房子外的一个墙角里坐下来,缩成一团。

她的一双小手几乎冻僵了。这时,她抽出一根火柴,在墙上擦燃。多么温暖明亮的火焰啊!小女孩儿像坐在一个大火炉前面,火烧得旺旺的,暖烘烘的,多么舒服啊!哎,怎么回事呢?她刚把脚伸出去,想让脚也暖和一下,火柴灭了。她坐在那儿,手里只有一根烧过的火柴梗。

她又擦燃一根火柴,这火光落在墙上,墙变得像薄纱一样透明,一直可以看到屋子里,桌上的台布,精致的盘碗,烤鹅冒着香气。更妙的是这只鹅从盘子里跳了出来,背上插着刀和叉,蹒跚地向她走来。这时候,火柴灭了,她面前只有一堵又厚又冷的墙。

她又擦了一根火柴。这次,她坐在圣诞树下,翠绿的树枝上点着几千支蜡烛,小女孩儿刚伸出手去,火柴又灭了。

她又擦了一根火柴,这次,在光亮中出现的是疼爱她的奶奶,奶奶是那样温和慈爱。

她赶紧擦着了整把火柴。这一整把火柴，把周围照得像白天一样亮。奶奶从来没有这样高大美丽。奶奶把她搂在怀里。她们俩在光明快乐中飞走了，越飞越高，飞到那没有寒冷、饥饿、痛苦的地方去了。

第二天太阳升起了，人们在街头的墙角发现了小女孩儿已冻僵的尸体。

## 生词

| | | | | | |
|---|---|---|---|---|---|
| 1. 弥漫 | （动） | mímàn | | | |
| 2. 圣诞节 | （名） | Shèngdàn Jié | 10. 火柴梗 | （名） | huǒcháigěng |
| 3. 赤脚 | | chì jiǎo | 11. 精致 | （形） | jīngzhì |
| 4. 冻僵 | （动） | dòngjiāng | 12. 蹒跚 | （形） | pánshān |
| 5. 火焰 | （名） | huǒyàn | 13. 堵 | （量） | dǔ |
| 6. 道 | （量） | dào | 14. 翠绿 | （形） | cuìlǜ |
| 7. 奇异 | （形） | qíyì | 15. 慈爱 | （形） | cí'ài |
| 8. 旺 | （形） | wàng | 16. 搂 | （动） | lǒu |
| 9. 暖烘烘 | （形） | nuǎnhōnghōng | | | |

### ◎【例文评析】

《卖火柴的小女孩儿》是一篇童话，作者用了很大的篇幅，描述了小女孩儿五次擦燃火柴后在她面前出现的幻境。原文对火炉、烤鹅、圣诞树、灯都有生动形象的描绘，对小女孩儿的内心活动也有具体细致的描写，缩写时去掉了复杂的描写，只保留了故事的主干，成了概括性的叙述。

## 缩写

### 一、缩写的概念

缩写就是把一篇长篇作文压缩、提炼成短篇作文。即先阅读所给材料，在正确理解的基础上，保留原文主要内容，将原作简要地写出来。

缩写可分为记叙文的缩写、议论文的缩写、说明文的缩写和读后感的缩写。民族汉考写作部分的缩写测试以记叙文为主，要求考生将一篇现成的长篇记叙文在规定的时间内，缩写成一定字数的完整的短篇记叙文。

缩写是训练表达的概括能力。

### 二、缩写的写作指导

1. 认真阅读原文，理解原文内容，抓住原文要表达的中心。

2. 根据原文内容把原文划分成大的段落，概括每一段的主要内容，并找出中心句。

3. 在原文中标出必须保留的语句或段落，删去不必要的语句，用自己的语言把保留的语句、段落进行重新组织、连接。

4. 在不改变原意的基础上，把长句缩成短句，把几句话合并成一句话，将原文中的描写和对话改为叙述，把直接引用改写成间接引用。

**三、缩写中应注意的问题**

1. 不要简单地写成提纲或片断摘录。
2. 不要写成评论或读后感。
3. 不要只求字数的压缩而不顾内容的完整和语句的连贯。
4. 不要照抄原文，无目的地取舍语句。
5. 内容不要偏离原文的主题，重点要突出。

## 应用文写作·请示

**【例文　请示】**

**关于申请承办自治区第六届大学生足球赛器材经费的请示①**

自治区教育厅：②

将于2012年举行的自治区第六届大学生足球赛由我校承办，鉴于我校目前比赛场地仍很简陋，比赛器材也较缺乏，为保证比赛顺利进行，需要改善设备和补充器材，③希望教育厅能拨发专用经费。经核算，共需经费605826元。④

以上请示，请审批。⑤

附：自治区大学生足球赛器材设备预算表⑥

新科大学⑦

2010年11月1日⑧

**【注释】**

① 标题　② 主送机关　③ 请示缘由
④ 请示事项　⑤ 结语　⑥ 附件
⑦ 发文机关　⑧ 发文日期

**◎【例文评析】**

这是一篇请求帮助的请示。新科大学要承办2012年自治区第六届大学生足球赛，该大学难以解决活动经费，请求上级帮助解决。理由充分，请示事项具体明确，体现了这类请示的特点。

**【例文二　请示】**

**关于开展职业技能竞赛活动的请示①**

人文学院：②

按照学院加强社会实践的要求，为进一步提高学生动手能力，增强班级凝聚力，③经学生会研究，拟定于2010年5月1日至4日在全院开展学生职业技能竞赛活动。④

妥否，请批示。⑤

学院学生会⑥

2010年3月1日⑦

【注释】

① 标题　② 主送机关　③ 请示缘由
④ 请示事项　⑤ 结语　⑥ 发文机关
⑦ 发文日期

◎【例文评析】

这是一篇请求批准的请示。请示缘由开门见山，理由充分，言简意赅。请求事项具体明确。

## 请示

### 一、请示的概念及种类

请示是下级机关向上级机关请求指示、批准时使用的公文。即下级机关向上级机关请求对某项工作、某个问题做出指示，对某项政策给予明确，对某项事宜予以审核批准时使用的一种请求性公文。

根据请示的内容和目的的不同，请示可分为请求指示的请示、请求批准的请示、请求批转的请示和请求帮助的请示。

### 二、请示的写作格式

请示一般由标题、主送机关、正文、发文机关和发文日期组成，其各部分的格式、内容及写法要求如下：

**（一）标题**

请示的标题写在首行正中间，通常有两种写法：一种是由发文机关、事由和文种构成，如"××省教育厅关于自费生收费标准的请示"；另一种是由事由和文种构成，如"关于开展春节拥军优属工作的请示"。

**（二）主送机关**

请示的主送机关是指负责受理和答复该请示的上级机关，在标题下一行顶格写主送机关的名称。请示的主送机关只能写一个，如需同时送达其他上级机关，可用"抄报"的形式在文后注明。

**（三）正文**

请示的正文在主送机关下一行空两格写，包括请示缘由、请求事项和结语三个部分。

1. 请示缘由

就是请示的根据、原因和理由，要详细阐述。阐述缘由一定要合理、充分，情况要真实，数据要准确。

2. 请求事项

要明确交代请示什么问题、要求批准什么事情、要求解决什么困难等。请求资金要写明数额，请求物资要写明品名、规格和数量，提出处理意见要有根有据，切实可行。

3. 结语

另起一行空两格写。结语提出期盼要求，用征询性习惯用语，例如："当否，请批示"、"妥否，请批复"、"以上请示，请审批"、"以上如无不当，请批准"及"以上请示如无不妥，请批转有关单位执行"等。

**（四）发文机关和发文日期**

如果标题中已有发文机关名称，此处可省略（但要加盖公章），在正文右下方标明发文日期即可。如果标题中没有发文机关名称，则在正文右下方先写明发文机关，再写上发文日期。

## 三、请示写作中的注意事项

1. 遵守"一文一事"的原则，主旨明确。如果一文多事，会导致受文机关无法批复。
2. 明确呈报的主送机关，单头请示。同时，既不越级请示，也不抄送下级。
3. 材料要真实，既不要为了让上级批准而虚构情况，也不要因没认真调查而片面地摆情况、提问题。
4. 理由要充分，请示事项要具体。
5. 语气要平实、恳切，以引起上级机关的重视。
6. 篇幅不宜过长，如果要反映一些详情和数据，可列入附件。

## 课堂练习

### 训练一　写作

请阅读下面的文字，然后将其缩写成一篇短文，字数不得少于300字。以复述为主，不需加入自己的观点。

扮酷记

如今的社会以酷为美。据我了解，酷就是要表情酷、外形酷、态度酷、眼神酷、语言酷……总之从头到脚酷才是真酷。潮流兴酷，酷的男士让女生为之倾倒，酷的女生让男生更加着迷。不甘落后于潮流的我，决定以身试"酷"。

星期一一到，我便一改平日的习惯，准备以酷面对一切，对着全身镜照了几十遍，评定了最佳模样出了门——斜背包，双手插进裤袋里，面无表情，迈着模特步走上平日上学的路。脸上虽没有表情，但眼睛总仔细地留意着每个过路人。走了一段路发现效果不错，的确引起不少人注意。心想，酷得还成功。

正陶醉在"酷"中，肩上"啪"的一声，出现了一只手掌，吓得我差点儿惨叫出来。正准备骂人，一动放在裤袋里的手，才想起自己的酷，立即按捺住心中的火气，假装没任何反应。回头看了看，一见是平日一起上学的陈辉，便白了他一眼，继续保持姿势向前走。"我说哥儿们，你是什么眼神儿？吓傻了还是怎么的？"陈辉一脸好奇地问。我一听，拳头一捏："没长眼珠子啊？"我差点儿大骂出声，一想千万不能前功尽弃，我忍住了。谁想那不知死活的家伙又在背后猛捶一拳，害得我差点儿摔倒，却听到一阵笑声："哈哈……我说兄弟，两天没见，你怎么像几十岁似的？"我像被当头淋了一盆水，还真是从头冷到脚。

不理会陈辉，到学校继续我的酷计划。"一日之计在于晨"，语文课代表开始带全班早读。我打开书，本想张口就读，一想到酷就酷到底，看着就是不开口。果然，一会儿就引起课代表的注意，她来拍了拍我的桌子说："你怎么不开口读？"我面无表情地瞧了她一眼，沉默地继续看书。“你哑巴了？我在问你话，什么态度嘛？还真会装酷！”本想抬头“赏”她点儿颜色看的，一听到最后那个字，心中一阵窃喜：还是有人知道我这是叫酷嘛！想必再过不久那“酷毙了”的头衔非我莫属。

“不经一番寒彻骨，哪得梅花扑鼻香。”扮酷也如此，不达目的不罢休，我今天非让他们说我“酷”不可。

## 训练二

**1. 病文修改**

请根据请示的写作要求，指出下列请示中的不足之处，并进行修改。

关于要求解决学生宿舍拥挤等问题的请示

市人民政府、市教育局：

我校今年由于住宿生急剧增加，已有的学生宿舍已无法容纳，现在住宿生基本上是一个床位两个人睡，严重影响学生的身心健康。为解决这一困难，我校决定再建一栋学生宿舍楼。另外，我校图书馆也尚未达到省“两基”标准，望上级部门给予适当支持。

特此请示，请回复。

××市第二职业高中

2011年12月15日

**2. 情景模拟**

某处(室)新招聘三名大学生，需购买办公用品：办公桌、椅子、钢笔、笔记本等。请你以该处(室)的名义给上级写一份请示。

## 课后练习

### 一、思考题

1. 什么是缩写？
2. 如何进行缩写？
3. 什么是请示？一般包括哪几部分？

### 二、综合练习题

1.下面句子中有A、B、C、D四个带下画线的词语，去掉其中某一个词语会使句子变成病句。请找出这个不能删去的词语，在指定的位置上填写代表正确答案的字母。

(　　)(1) 有一次，齐国派大夫晏子去楚国进行访问。

A　B　C　D

(　　)(2) 两名外国老太太正向对方高扯着嗓子，激烈地争论着什么。
A　B C　D

(　　)(3) 人们对于蜜蜂的这种赞美，尤其充满着哲学的情趣。
A　B　C　D

(　　)(4) 她坚持认为自己太胖，拼命减肥，经常一天到晚什么也不吃，瘦得很可怜。
A　B　C　D

(　　)(5) 由于比赛前突然下起了一场大雨，他得到地下跑道去做准备工作。
A　B　C　D

(　　)(6) 她又划了一根火柴，火柴燃烧起来，变成一朵粉红色的光焰。
A　B　C　D

(　　)(7) 第二天太阳升起了，人们在街头的墙角发现了她那已冻僵的尸体。
A　B　C　D

(　　)(8) 在祖国最西端的帕米尔高原的乌恰县，生活着以柯尔克孜族为主体的四
A　B　C
万多各族人民。
D

(　　)(9) 记得从小学到中学，父亲每天都要认真检查我的作业。
A　B　C　D

(　　)(10) 寒假里我们俩见面了，他仍同从前一样忙，无暇与我交谈。
A　B　C　D

2. 在每题的语句中有一处或两处画横线处，题后有 A、B、C、D 四个答案，其中只有一个可以放入横线处使语句表达通顺。请找出这个句子，在指定的位置上填写代表正确答案的字母。

(　　)(1) ______想要更好地了解中国文化，______得先把汉语学好。
A. 只有……才……　　B. 如果……就……
C. 为了……才……　　D. 虽然……还……

(　　)(2) 你______到了草原，______应该体验一下草原牧民的生活。
A. 不管……也……　　B. 既然……就……
C. 虽然……却……　　D. 尽管……还……

(　　)(3) 由于随便用药，他______把病治好______使病情加重了。
A. 首先……然后……　　B. 要不是……就……
C. 之所以……因为……　　D. 不但没……反而…

(　　)(4) 我可以发誓：无论再过多少年，我____________。
A. 不会忘记在中国都认识的这些朋友
B. 都不会忘记在中国认识的这些朋友
C. 这些朋友都认识的不会忘记在中国
D. 这些朋友在中国认识的都不会忘记

(　　)(5) 这个电影的故事非常动人，____________。
A. 很多人看了都流下了眼泪　　B. 都很多人看了流下了眼泪
C. 看了都很多人流下了眼泪　　D. 都流下了眼泪很多人看了

3. 修改病句。

（1）我们是明天去参观的。

______________________________

（2）古丽吃饭得很快。

______________________________

（3）小王从两点跑步到三点。

______________________________

（4）我过了一个愉愉快快的周末。

______________________________

（5）那篇他的文章登在报纸上了。

______________________________

4. 连句成段。

（1）A. 篮子里除了食品外，还有一面镜子

B. 有一个人，没有见过镜子

C. 他对着镜子里的人说："对不起，是我拿了你的食品。"

D. 有一次他看见了一个篮子

E. 当他把篮子里的食品都装起来要走时，发现了镜子

正确顺序：______________

（2）A. 他的儿子急忙跑到田里去看看是怎么回事

B. 然后疲惫地回了家

C. 于是他把一棵棵秧苗都拔长了些

D. 结果发现所有的秧苗都枯萎了

E. 他对家人说："今天我可真累坏了，我帮助地里的秧苗长(zhǎng)长(cháng)了！"

F. 宋国有个人担心自己的秧苗长得太慢

正确顺序：______________

## 三、能力训练

1. 2010年我国北方部分省、自治区遭受了50多年以来罕见的大雪，很多牲畜因低温、饲料不足无法过冬。某自治区畜牧厅就本区2010年冬季救灾问题，向自治区政府请求急播救灾款5000万元。

请代自治区畜牧厅给自治区政府写一份请示。

2. 下面是一篇关于"实话实说让我幸运胜出"的材料，请阅读后将其缩写成一篇短文，以复述为主，可以合理删除文中某些信息，不需加入自己的观点，字数不得少于500字。

我毕业那年，一家效益颇佳的大公司招聘文秘人员。经过严格的笔试，从40多名应聘者

中选出了十名入围面试,而最终留下来的只有两名。

面试的第一题总是常规的自我介绍。我老实交待:“我今年刚从学校毕业,大专学历,化学专业……”我注意到考官们的脸上显出了一丝不屑的神情。一位考官说:“你的学历和专业与我们的要求似乎不太吻合。”凭着一股初生牛犊不怕虎的劲头,我辩解道:“文凭不代表水平,学历并不等于能力。我虽然学历不高,专业也不对口,但我有自己的优势。”我的话似乎一下子“镇”住了那些考官,主考官示意我说下去。我继续说:“我从小就喜欢文科,从小学二年级就开始写日记,至今已写了近三千篇。从16岁至今,我已在国家、省、市各级报刊发表了三十余篇作品。我关心时事,爱看报纸,大二那年,曾就农民‘精神脱贫’问题致信省委书记,谈了自己的意见和建议。信很快被省委办公厅批转市委宣传部。省报还发了消息。”我的这一番自我介绍,极大地引起了考官们的兴趣。

第二个问题是:现在社会上有一种看法,认为文秘人员似乎是年轻女性的专利。你对此有何看法? 我说:“把‘文秘人员’看成是‘年轻女性’的代名词,这是一种不良社会风气的反映。我从报纸上了解到,西方很多发达国家的文秘人员都是有丰富工作经验的中年人。文秘工作很杂,一般来说,女性有耐心,工作细心,这是她们的优势;但男性也有自己的优势,比如,处理问题时,男性比女性更理性。”我看到不少考官都在点头。

第三个问题是:你到我们公司应聘的主要原因是什么?我实话实说:“贵公司的待遇好一些,工作也比较稳定。”考官们的脸上露出了笑容。

面试临近结束时,我问到了待遇问题。一位考官问我:“在结果还没有出来前,你就问待遇问题,你不怕我们对你会有看法吗?”我如实回答:“招聘是双方面的,公司在选择我,我也在选择公司。问待遇问题是再正常不过的事情了。假如我不关心自己的待遇,那只能说明两个问题:第一,我是一个‘南郭先生’,只是想到贵公司混口饭吃;第二,我没有诚心在贵公司工作,而只是把它当作一个跳板,一旦有好的机会,我立马跳槽。这当然不是你们所希望的。俗话说‘还价的才是买货的’,我珍视这个机会,真心想到贵公司工作。”我的话音刚落,考官们不约而同地笑了……

三天后,我接到了被录用的通知。两个月后,我从上司的口里了解到了面试的内幕:一开始,我的确不被看好,之所以被录用,主要有两个原因。其一,考官们看了我发表的作品,认为很不错,他们相信我可以胜任这份工作;其二,得益于我不卑不亢的态度和诚实的品格。比如,我对自己学历和能力的分析,实话实说,有理有据,很有说服力。谈选择公司的原因时,实话实说,不绕圈子。其实,看中公司的待遇和工作的稳定是大多数应聘者前来应聘的主要原因,但很多人不敢或不好意思承认,而是说一些空话、套话,让人一看就知道在说谎。另外,我主动谈到了待遇,而其他的一些应聘者提到待遇时大多支支吾吾,要么说“你们看吧……给多少算多少”,或者“工作以后再谈吧”。正是我的实话实说让考官们一致认为,我是一个“实在”人。公司也确实需要一个工作踏踏实实、心口如一的文秘人员,这样可以省掉许多麻烦和猜疑。于是,实话实说让我幸运胜出。

# 第十二课

## 学习提示

**学习目标**:了解记叙文的概念、分类、特点、记叙文的六要素,掌握写人、记事的记叙文的写作方法;了解演讲稿的写作方法,能根据演讲稿的具体要求写出基本规范的演讲稿。

**学习重点**:写人、记事的记叙文的写作要求;演讲稿的书写规范。

## 一般文体写作·记叙文(一)

### ▶【例文一　写人记叙文】

**我的老师她姓"美"**

我们的老师姓张,可在我们的心中,她姓"美",我们称她"美老师"。

我们张老师,她长得很美,个性的发型,自然的淡妆,匀称的身材,圆润的脸庞,尤其是她的嘴,大大的,是我们心目中的"大嘴美女"——中国罗伯茨。

我们的张老师,她穿得很美,东南西北,无论流行什么,只要看一下我们张老师的服装你就知道了,张老师的服装,绝对品位不凡,如果她走上T形舞台,一点儿不比世界名模瞿颖逊色哟!

我们的张老师,她笑得美。似乎老师都不太喜欢笑。以前,看到老师满面春风,听到老师开心的笑声,对我们来说是奢侈镜头,但我们的张老师一点儿也不吝啬,她总是给我们一种春风拂面的感觉。她喜欢笑,从早笑到晚,听到哪个同学说了个笑话,她必定笑得前仰后合;听到我们提出天真幼稚的问题,她必定会张开大嘴笑弯了腰;看到我们滑稽的表情和动作,她必定会哈哈大笑,笑得喘不过来气;看到我们取得点滴进步她定会欣慰地笑……她的笑声如同金灿灿的阳光温暖着我们的心。

我们的张老师,她说话的声音美,她发音字正腔圆,语调抑扬顿挫,态度亲切和蔼,所以,听她说话、朗读课文,是一种享受,令人心旷神怡。

我们的张老师,她的心灵美,她的心中时时刻刻牵挂着我们。谁的身体不舒服,她会不厌其烦地准时给你点"润";谁的本子丢了,她会立刻想办法给你找来一本;谁的功课落下了,她会耐心地指导;谁的思想上有疙瘩了,她会苦口婆心地开导……

张老师,她真是名副其实的"美"老师。

## 生词

| | | |
|---|---|---|
| 1. 个性 | （名） | gèxìng |
| 2. 匀称 | （形） | yúnchèn |
| 3. 圆润 | （形） | yuánrùn |
| 4. 流行 | （动） | liúxíng |
| 5. 绝对 | （副） | juéduì |
| 6. 品位 | （名） | pǐnwèi |
| 7. 逊色 | （形） | xùnsè |
| 8. 奢侈 | （形） | shēchǐ |
| 9. 镜头 | （名） | jìngtóu |
| 10. 吝啬 | （形） | lìnsè |
| 11. 拂面 | （动） | fúmiàn |
| 12. 前仰后合 | | qián yǎng hòu hé |
| 13. 天真 | （形） | tiānzhēn |
| 14. 幼稚 | （形） | yòuzhì |
| 15. 滑稽 | （形） | huájī |
| 16. 点滴 | （形） | diǎndī |
| 18. 欣慰 | （形） | xīnwèi |
| 19. 如同 | （动） | rútóng |
| 20. 金灿灿 | （形） | jīncàncàn |
| 21. 字正腔圆 | | zì zhèng qiāng yuán |
| 22. 语调 | （名） | yǔdiào |
| 23. 抑扬顿挫 | | yìyáng dùncuò |
| 24. 和蔼 | （形） | hé’ǎi |
| 25. 心旷神怡 | | xīn kuàng shén yí |
| 26. 时时刻刻 | | shíshíkèkè |
| 27. 牵挂 | （动） | qiānguà |
| 28. 不厌其烦 | | bú yàn qí fán |
| 29. 疙瘩 | （名） | gēda |
| 30. 苦口婆心 | | kǔ kǒu-pó xīn |
| 31. 开导 | （动） | kāidǎo |
| 32. 名副其实 | | míng fù qí shí |

### ◎【例文评析】

这是一篇很美的写人记叙文。首先，题目新颖别致，能引起读者的阅读兴趣，同时，一个“美”字，也概括了全文的主旨。文章的第二个突出特点是结构精巧，选材恰当。开头和结尾强调张老师是学生心目中的“美”老师，文章的中间部分主要围绕着“张老师不仅有外在的美，而且心灵更美”这个主题来叙述。每一段的开头一句话概括了本段叙述重点。第三个特点是人物生动、传神。全文通过外貌、动作和神态刻画人物，精当细致地再现了一位受学生爱戴的老师的动人形象，给读者留下深刻的印象。

### ▶【例文二　写事记叙文】

#### 第一次跳伞

今天，我们第一次练习从飞机上跳伞。到了机场，看到飞机早就停在起飞行线上等着我们了。

蔚蓝色的天空飘浮着朵朵白云。飞机起飞了，把我们带到了空中。我从机舱的窗户向外看，一片片云朵宛如一座座覆盖着白雪的小山。掠过云朵，我看见了地面上的一个个小村庄，房屋像鸽子笼，绿树像小草，公路像一条带子，汽车像小甲虫，一切都变得那么小。

伞兵长走到我跟前，凑近我的耳朵大声说："小葛，不要慌，要沉着！"我点了点头。

跳伞预备铃响了。我们立刻列队站在打开的舱门旁边。伞兵长大声喊："预备——跳！"第一名往下一跳，"嗖"的一下，不见了；第二名、第三名，紧跟着跳了下去。第四名就是我。我来不及想什么，也跟着跳出了机舱，两脚凌空，感到有点儿眩晕。

过了几秒钟，好像有人在我背后使劲一拉，降落伞张开了。我睁开眼睛。啊！我飘在空中了。四周是蓝天白云，耳边只有呼呼的风声。我好像穿着救生衣漂浮在碧蓝的大海上。

我飘飘悠悠地往下降，脚一着地，心一下子就平静下来了。

营长给我戴上了第一次跳伞纪念章。班长握着我的手，连声问："怎么样，怎么样？"

我高兴地回答："还好，就是刚出舱门的时候头有点儿晕，心里有点儿紧张。"

"这是因为你是第一次跳伞啊！"班长笑起来。

我抬头望着蔚蓝的天空，望着飘浮在高空中的朵朵白云，真不敢相信自己是从白云上面降落下来的。

## 生词

| | | | | | |
|---|---|---|---|---|---|
| 1. 跳伞 | | tiào sǎn | 8. 嗖 | （拟声） | sōu |
| 2. 蔚蓝 | （形） | wèilán | 9. 凌空 | （动） | língkōng |
| 3. 飘浮 | （动） | piāofú | 10. 眩晕 | （动） | xuànyūn |
| 4. 宛如 | （动） | wǎnrú | 11. 漂浮 | （动） | piāofú |
| 5. 覆盖 | （动） | fùgài | 12. 碧蓝 | （形） | bìlán |
| 6. 掠过 | （动） | lüèguò | 13. 飘飘悠悠 | | piāopiāo-yōuyōu |
| 7. 列队 | （动） | lièduì | 14. 戴 | （动） | dài |

### ◎【例文评析】

这篇文章写的是作者第一次跳伞的事。文章按事情发展的顺序，先讲到机场看见的情景，接着讲飞机到了高空见到的景物，再讲怎样跳伞，再讲降落伞张开后的情况，最后讲着陆后的情况。文章扣住"第一次"，具体清楚地叙述了第一次跳伞的经过，写出了第一次跳伞的所见、所闻、所感。

## 记叙文（一）

### 一、记叙文概述

#### （一）记叙文的概念和分类

1. 记叙文的概念

记叙文是以记叙和描写为主要表达方式，以记人、叙事、写景、状物为主要内容的一种文体。

2. 记叙文的分类

记叙文按内容来分,大致可分为四类:写人记叙文、写事记叙文、写景记叙文、写物记叙文。

**(二)记叙文的结构形式**

记叙文大都由开头、主体、结尾三个部分构成。

1. 开头——事件或行为、情感的开端。

2. 主体——事件或行为、情感的发展。

3. 结尾——事件或行为、情感的结果与启迪。

## 二、写人的记叙文

**(一)写人记叙文的概念**

写人记叙文是把人作为主要记叙对象,通过对人物的外貌、言行、心理活动、生活片段的描写来刻画人物形象。反映某个人或某些人的思想品德、精神面貌等。

**(二)写人记叙文的写作方法**

1. 交代清楚人物活动的时间、地点、环境、气氛等。

2. 描写出人物的外貌、语言、行动、心理等。

3. 叙述一件或几件能表现人物性格的事件。

4. 突出表现人物的性格特点。

5. 表达方式以记叙和描写为主,为了使人物给读者留下深刻的印象,适当运用抒情、议论,画龙点睛。

**(三)写人记叙文的描写方法**

记叙文描写人物的主要方法有肖像描写、行动描写、语言描写、心理描写。

1. 肖像描写

肖像描写即描绘人物的面貌特征,它包括人物的身材、容貌、服饰、打扮以及表情、仪态、风度等。如:"小伙子中等个头儿,穿着一件白色T恤和深蓝色牛仔裤,身上充满着青春的活力和蓬勃的朝气。"

2. 行动描写

行动描写是对人物的行为、动作的描写。如:"他快步走上讲台,打开他的讲稿,眼光向下面一扫,然后开始了他极短的开场白。"

3. 语言描写

语言描写是通过人物个性化的语言来刻画人物性格的描写方法。如:"'我……我……我是第一次来这里,不知道应该带什么。'老王红着脸说。"人物的思想观点、心理状态,必然要通过语言表达出来。因此在语言描写中要充分注意语言描写的得体性。

4. 心理描写

心理描写是对人物在一定环境中的心理活动的描写。如:"他本来想给五块钱,但转念一想:他只不过是个十几岁的孩子,这么小就出来干这么重的活儿,家里一定是有非常大的难处的。于是给了十块钱。"心理描写的作用是揭示人物内心世界,展示人物内在性格。

## 三、写事的记叙文

### (一)写事记叙文的概念

写事记叙文是一种把事件作为主要记叙对象的记叙文。它的特点是:注重把事件、情节的过程具体地表现出来,文章的着眼点在事情的过程上;不着力去刻画人物,也无中心人物;文章的中心思想着重表现事件的思想意义,而不是着重表现主人公的思想品德。

### (二)写事记叙文的分类

写事记叙文有一事一文的,也有几事一文的。

一篇文章记叙一件事的,情节较单一,范围较小,一般地说,它的基本要求是交代清楚事情发生的时间、地点和事件中的人物,写清楚事情的起因、经过和结果,而重点是把事情的经过写具体写清楚。

一篇文章记叙几件事的,则还要注意两点:

1. 要注意中心的确定和材料的选取。所写几件事表达的中心要集中,不能几件事写几个中心,使文章显得松散;要围绕中心,选取最能表达中心的几件事来写。

2. 在写法上,要重点突出,详略得当。所写几件事,内容典型、情节生动的一两件详写,或一件详写一件较详写,其余则略写,甚至一笔带过。

### (三)写事记叙文写作方法

1. 要交代清楚时间、地点、人物、事件,让读者明白是什么人,在什么时候、什么地方发生了怎样的事。

2. 交待清楚事情发生的环境。因为任何事情总是在一定的环境中发生、发展的。

3. 按事情发展顺序,把一件事的起因、经过、结果写清楚,不能颠三倒四,还应把事情的前因后果,来龙去脉写清楚。

4. 记事要围绕中心,抓住重点,不要面面俱到。重点部分(一般指事情发展高潮处)要详写,其他部分可以略写。

## 应用文写作·演讲稿

### 【例文　演讲稿】

#### 铸就无悔的青春①

敬爱的老师、亲爱的同学们:②

大家好!③

我们的青春,色彩斑斓;我们的青春,无怨无悔!④

我们都知道作为一名学生,最重要的任务是学习。但是,亲爱的同学们,你是否想过,四五十年后,当你再回忆起自己的学生时代时,你是否愿意让自己的脑海中只留下一套套试卷和一份份习题呢?除了分数,我们是否应该再拿一些其他东西来作为自己青春的证明呢?

我们总希望抓住自己的青春时光收获一些果实,哪怕只是小小的成功。但当面对自己眼前的事实时,我们却常常哀叹,哀叹。运动会来了,我们哀叹自己没有运动细胞;艺术节近了,我们哀叹自己没有表演天赋；校报的投稿箱每天摆放在同一个位置，我们又害怕把自己的文字投入其中；班委要竞选了，我们哀叹自己没有管理的才干……我们总是犹豫不决，我们害怕自己没有能力，害怕自己被别人取笑。但当别人先行一步夺取一个个机会时，我们又追悔莫及。在羡慕之中，我们也只能把自己的掌声献给别人。

难道我们就不希望听到别人为自己喝彩吗？那些站在人生领奖台上的人真的比自己强很多吗？其实大家都是一样的，只是他们试过了，他们便证明了自己的实力，而我们犹豫了，于是只能躲在角落里，恨世道不公，恨伯乐不存。

曾有人说过："弱者坐失时机，庸者坐待时机，智者把握时机，强者创造时机。"难道我们愿意将"弱者"或"庸者"的名称永远冠在自己的头上吗？当然不是。我们没有必要叹息机会寥寥，其实机会无处不在；我们也无须卑怯于能力的缺乏，其实我们不比别人差。我们需要的是树立信心，把握机会。我们可以明明白白地告诉自己：运动场上缺少的正是我的稿件，班委会里也许有我的一席之地。当然，我们不可能总是取得成功，但我们可以在每一次锻炼中进步。也许我们听不到别人的掌声，但只要试过了，我们完全有理由为自己献上最精彩的掌声。⑤

同学们，我们必须以百倍的精力投入到我们的学习中。但与此同时，我们还应树立自己的信心，抓住每一次适合自己的机会，使青春的日子更加熠熠生辉。到四五十年以后的某一天，我们在回忆起这些日子时，我们便可以微笑着对自己，也对别人说："我的青春，色彩斑斓；我的青春，无怨无悔！"⑥

谢谢大家！⑦

【注释】

① 标题　② 称呼　③ 问候语

④ 开场白　⑤ 主体　⑥ 结尾

⑦ 敬语

◎【例文评析】

本文是一篇演讲稿，简洁的语言，铿锵有力，阐述了大学生应该用更多的精力去抓紧学习，抓住每一次适合自己的机会。文章结构完整，思路清晰；语言清新独特，生动活泼。运用排比、比喻、引用等修辞方法，增加了演讲的魅力；材料取舍精当，紧扣"我的青春，色彩斑斓；我的青春，无怨无悔！"这一立意选取真实材料，表达真挚的感情。整篇演讲稿情真意切，感人肺腑，催人奋进。

## 演讲稿

### 一、演讲稿的概念

演讲稿是人们在工作和社会生活中经常使用的一种文体。它可以用来交流思想、感情，表达主张、见解；也可以用来介绍自己的学习、工作情况和经验等。演讲稿具有宣传、鼓动、教育和欣赏等作用，它可以把演讲者的观点、主张与思想感情传达给听众以及读者，使他们信服并在思想感情上产生共鸣。

## 二、演讲稿的写作格式

演讲稿一般由标题、称呼和正文三部分组成。

### (一) 标题

演讲稿的标题无固定格式,一般有四种类型:

1. 揭示主题型,如"人应该有奉献精神"。
2. 揭示内容型,如"在省科技工作会议上的讲话"。
3. 揭示问题型,如"当代大学生应具备什么素质"。
4. 思考问题型,如"象牙塔与蜗牛庐"。

### (二) 称呼

第一行顶格写称呼,后面加冒号。根据演讲对象和演讲内容的需要决定称呼,常用的如"同志们:"、"同学们:"、"朋友们:"等,也可加定语渲染气氛,如"年轻的朋友们:"、"亲爱的同学们:"等。

### (三) 正文

演讲稿的正文由开头语、主体和结语三部分构成。

开头语是演讲稿中很重要的部分。好的开头语能够紧紧地抓住听众的注意力,为整场演讲的成功打下基础。开头语的目的都是使听众立即了解演讲主题、引入正文、引起思考等。

演讲稿的主体是整篇演讲的中心。主体必须有重点、有层次、有中心语句。演讲主体的层次安排可按时间或空间顺序排列,也可以平行并列、正反对比、逐层深入。由于演讲材料是通过口头表达的,为了便于听众理解,各段落应上下连贯,段与段之间有适当的过渡和照应。

结语是演讲内容的自然收束。它起着深化主题的作用。结尾的方法有归纳法、引文法、反问法等。归纳法是概括一篇演讲的中心思想,总结强调主要观点;引文法则是引用名言警句,升华主题、留下思考;反问法是以问句引发听众思考和对演讲者观点的认同。此外,演讲稿的结尾也可以用感谢、展望、鼓舞等语句结尾,给人留下深刻印象。

## 三、演讲稿开头的写作方法

演讲稿的开头,也叫开场白。它在演讲稿的结构中处于显要的地位,具有重要的作用。演讲稿的开头有多种方法,通常主要有:

(1) 开门见山,点明主题。即一开始就清楚地把演讲者的思想观点展示给听众,使之产生"直截了当"的畅快感。

(2) 提出问题,引起关注。这种方法是根据听众的特点和演讲的内容,提出一些激发听众思考的问题,以引起听众的注意。

(3) 巧用名言,借题发挥。这种方法是通过引用哲人的名言、警句或俗语、谚语、歇后语以及故事等,引起听众注意。

(4) 幽默风趣,笑中开头。这种方法是运用小笑话或幽默风趣的话语制造轻松愉快的气氛,使听众在笑声中不知不觉地进入角色,接受演讲的内容。

(5) 介绍情况,说明缘由。这种开头方法一般是先交代演讲的背景、缘由,使听众很快了解演讲的目的,从而排除疑虑,安心地听讲。

(6) 演示实物，巧妙切入。在开始演讲前可先向听众展示一些与演讲内容相关的画页、照片等，这种方法同样能使听众产生强烈的兴趣。

## 四、演讲稿的写作技巧

### (一) 了解对象，有的放矢

演讲稿是讲给人听的，因此写演讲稿首先要了解听众对象：了解他们的思想状况、文化程度、职业状况如何；了解他们所关心和迫切需要解决的问题是什么，等等。否则，不看对象，演讲稿写得再花工夫，说得再天花乱坠，听众也会感到索然无味，无动于衷，也就达不到宣传、鼓动、教育和欣赏的目的。

### (二) 观点鲜明，感情真挚

演讲稿观点要鲜明，让读者一听就明白；同时，演讲稿还要有真挚的感情，有感情才能打动人、感染人，有鼓动性。

### (三) 行文变化，富有波澜

构成演讲稿波澜的要素很多，有内容，有安排，也有听众的心理特征和认识事物的规律。

### (四) 语言流畅，深刻风趣

要把演讲者在头脑里构思的一切都写出来或说出来，让人们看得见，听得到，就必须借助语言这个交流思想的工具。因此，语言运用得好还是差，对写作演讲稿影响极大。要提高演讲稿的质量，不能不在语言的运用上下一番工夫。写作演讲稿在语言运用上应注意以下五个问题：

1. 要口语化。
2. 要通俗易懂。
3. 要生动感人。
4. 要准确朴素。

### (五) 要控制篇幅，做到短小精悍

演讲稿不宜过长，要适当控制时间。

## 课堂练习

### 训练一　写作

1. 选择一两件事，写一个你熟悉的人。要注意选择的材料能恰当地表现出这个人物的某些特点。

2. 在我们日常生活中，有许多事都是我们亲身经历、亲眼所见、亲耳所闻，而且大多是普普通通、平平常常的小事，请你根据你生活中的实际情况，写一件难忘的事。

**写作提示：**(1) 注意生活中事件的回忆与典型材料的选取。

(2) 选择恰当的叙述方法，如可以用倒叙的叙述方法。

(3) 这件事对你的产生的影响。

## 训练二

**1. 病文修改**

战士的爱

听到这个题目，在座的许多同志也许会联想到爱情。是的，爱情是神圣的，也是美好的。爱情是人类永恒的话题，从古至今有许许多多的爱情故事。那一个个甜蜜动人的爱情故事，让我们感到生活的美好，感到人间的真情，那美丽的鲜花、明亮的圆月让我们产生无限美好的遐想。……可是，今天我要讲的，却是一种更高意义上、具有更强生命力的爱，这，就是战士的爱！

（1）这是一篇演讲稿的开头，从演讲稿的格式上看，有什么问题？

（2）这篇演讲稿的开头采用了直入式的开头方法，但是渲染成分有点儿多，容易造成什么影响？语言上有什么问题？

**2. 情景模拟**

五月份是民族团结月，请以“加强民族团结，共建和谐社会”为主题，写篇演讲稿，并以班级为单位组织一次演讲比赛。

## 课后练习

### 一、思考题

1. 什么是记叙文？记叙文的主要特点是什么？
2. 如何才能写好一篇写人的记叙文？
3. 什么是写事的记叙文？什么是写人的记叙文？
4. 写人、写事的记叙文在写作上要注意什么？
5. 什么是演讲稿？它由几部分组成？

### 二、综合练习题

1. 下面句子中有 A、B、C、D 四个带下画线的词语，去掉其中某一个词语会使句子变成病句。请找出这个不能删去的词语，在指定的位置上填写代表正确答案的字母。

（　　）（1）他<u>为</u>新疆<u>各族</u>人民的<u>解放</u>事业<u>英勇</u>献身了。
A　B　C　D

（　　）（2）人们<u>都</u>称三月十五日<u>是</u>消费者的节日，这话<u>一点儿</u><u>也</u>不假。
A　B　C　D

（　　）（3）新疆的葡萄以它<u>甜嫩多汁</u>的<u>特殊</u>风味和<u>晶莹多样</u>的形态<u>博得</u>人们的垂青。
A　B　C　D

(　　)（4）一阵肆虐的狂风从遥远的树林里刮来两颗种子，随意将它们分撒在田园里。

A　　　B　　　C　　　D

(　　)（5）由于法拉第的巨大成就，他很快成了科学界的响当当的人物。

A　　　B C　　　D

(　　)（6）恰恰相反，即使我们的国家强大了，人民富裕了，我们仍要厉行节约，反对浪费。

A　　　B　　　C　　　D

(　　)（7）周总理办公室是一间高大的宫殿式的房子，室内陈设极其简单，一张不

A　　　B　　　C

大的写字台，两把小转椅，一盏台灯，如此而已。

D

(　　)（8）总理让我和他一起喝茶，吃花生米。花生米并不多，可以数得清颗数，好像

A　　　B　　　C

并没有因为多了一个人而增加颗数。

D

(　　)（9）父亲不慌不忙地从抽屉里取出一把闪亮的小手枪，就向外走。

A　　　B　　　C　　　D

(　　)（10）远远望去，到处是一丛丛绿绿的凤尾竹和遮天盖地的油棕林。

A　　　B　　　C　　　D

2. 在每组 A、B、C、D 四个句子中，只有一个是正确的，请找出这个句子，在指定的位置上填写代表正确答案的字母。

(　　)（1）A. 人的威信建立是很不容易。

B. 小芳和小林商定，明天上午她到她家去借书。

C. 森林里的树木可多了，有青松、翠柏、白桦和肥大的蘑菇等。

D. 就业难的现状是农村应届毕业生放弃高考的现实原因。

(　　)（2）A. 七旬老汉打工儿子为维权。

B. “可口可乐”公司毫不隐讳地说，我们成功的秘诀就是广告。

C. 新疆是我国矿产资源最丰富的省区。

D. 经过治疗，小明的病已经恢复了健康。

(　　)（3）A. 放学一回家，小丽立刻马上把作业写完了。

B. 长期一些有争议的问题，有了不同程度的进展。

C. 中学时代打下了坚实的基础知识，为她进一步自学创造了条件。

D. 去年 11 月 21 日凌晨，市郊发生了一起特大交通事故。

(　　)（4）A. 韩家栋是我校一位优秀有丰富实战经验的教练员。

B. 韩家栋是我校一位有丰富实战经验的优秀教练员。

C. 韩家栋是有丰富实战经验的一位我校优秀教练员。

D. 韩家栋是我校优秀一位有丰富实战经验的教练员。

(　　)（5）A. 请等我一下，我都把护照和钱包落在房间里了。

B. 请等我一下，我都落在房间里把护照和钱包了。

C. 请等我一下，我把护照和钱包都落在房间里了。

D. 请等我一下，我把护照和钱包落在房间里都了。

3. 修改病句。

（1）张阿姨是一位平易近人、很难相处的人。

______________________________

（2）这个星期天的上午，太阳整整一天没有露脸。

______________________________

（3）我多么愿望饲养自己心爱的小动物呀！

______________________________

（4）老人常常比孩子一样更需要家人照顾。

______________________________

（5）大家怀着愉快的心情和轻松的步伐走进校门。

______________________________

4. 连句成段。

（1）A. 我母亲向来管束我最严厉，她是慈母兼任严父

B. 我做错了事，她什么话也不说，对我一望

C. 我看见了她严厉的目光，便吓住了

D. 但从来不在别人面前骂我一句，打我一下

正确顺序：______________

（2）A. 它很想要那块肉，于是就张口去咬，结果自己的肉掉到水里，流走了

B. 它高高兴兴地回家。走过一座桥，桥下是一条弯弯曲曲的小河

C. 从前有一只小狗，得到了一大块肉

D. 它低头一看，水里也有一只小狗，嘴里的肉比他的还大呢

E. 这只又笨又贪心的小狗只好伤心地回家了

正确顺序：______________

## 三、能力训练

人类居住的环境日益恶化，保护环境、保护地球母亲已经成为全人类的共识，请根据你所掌握的资料和信息，写一篇以保护环境为主题的演讲稿。

**和谐篇**

生活中的各个方面，无论是公共的或个人的，无论在事业上或家庭中，也无论纯属本人或涉及别人的，都有其道德义务。履行这一义务，在道德上就是正确的；而忽视这一切，就必定在道德上犯错误。

——（古希腊）西塞罗

# 第十三课

## 学习提示

**学习目标：**学习写景状物记叙文，能够运用形象生动的语言和多种描写手段，抓住景象或事物的特点，把具体的景象和事物描绘出来。了解实习报告的格式特点，能够按照标准格式熟练写作运用。

**学习重点：**以写景为主的记叙文应注意的问题，以状物为主的记叙文的表达方式；实习报告的写作格式和写作要求。

## 一般文体写作·记叙文（二）

**【例文一　写景记叙文】**

### 美丽的金沙滩

金沙滩位于距乌鲁木齐市300多公里的和硕县境内，它有着如诗如画的风景，因而享有“新疆夏威夷”的盛誉。

走进金沙滩，踏着软绵绵的细沙，感受着迎面袭来的阵阵清风，身旁是涌动不息的层层波浪。沙滩上，一把把巨大的太阳伞星罗棋布。它们好像一个个雨后蘑菇，点缀着茫茫的沙滩。太阳伞下，坐满了乘凉的游客。他们有的高声谈笑，有的欣赏景色，还有的吃着零食……小孩子们快乐地做着沙雕，不时地发出银铃般的欢笑声。

在太阳伞下的确可以消除夏日的烦躁。不过，如果你想彻底洗涮掉自己炎热的心情，那就别犹豫，快快随我来，到博斯腾湖里真正的畅游一番吧！

博斯腾湖是中国最大的内陆淡水湖。举目望去，博斯腾湖的浩瀚和汹涌给人以大海的感觉。碧蓝的湖水不停地轻轻漫上沙滩，好像慈祥的母亲用温柔的双手抚摸着孩子光滑的脸蛋。在湖中戏水，清凉的湖水冲去了盛夏的暑意，一片片欢声笑语飘荡在湖面上。五彩的泳帽似繁星点点漂浮在碧蓝的水面上，既像碧绿的草地上洒落的各色花瓣，又像蓝蓝的天空中飞舞的迷人的蝴蝶。湖水和蓝天相连在一起，好像是一幅巨大的蓝色的画卷，美得令人神往！天空中，一群群可爱的小鸟飞翔着，在湖的四周徘徊、流连，久久不愿离去。

金沙滩真是人间仙境呀！

## 生词

| | | |
|---|---|---|
| 1. 金沙滩 | （专名） | Jīnshātān |
| 2. 位于 | （动） | wèiyú |
| 3. 和硕 | （专名） | Héshuò |
| 4. 享有 | （动） | xiǎngyǒu |
| 5. 盛誉 | （名） | shèngyù |
| 6. 软绵绵 | （形） | ruǎnmiánmián |
| 7. 袭 | （动） | xí |
| 8. 涌动 | （动） | yǒngdòng |
| 9. 星罗棋布 | | xīng luó qí bù |
| 10. 蘑菇 | （名） | mógu |
| 11. 点缀 | （动） | diǎnzhuì |
| 12. 乘凉 | | chéng liáng |
| 13. 沙雕 | （名） | shādiāo |
| 14. 银铃 | （名） | yínlíng |
| 15. 消除 | （动） | xiāochú |
| 16. 烦躁 | （形） | fánzào |
| 17. 彻底 | （形） | chèdǐ |
| 18. 洗刷 | （动） | xǐshuā |
| 19. 博斯腾 | （专名） | Bósīténg |
| 20. 畅游 | （动） | chàngyóu |
| 21. 内陆 | （名） | nèilù |
| 22. 举目 | （动） | jǔmù |
| 23. 浩瀚 | （形） | hàohàn |
| 24. 汹涌 | （动） | xiōngyǒng |
| 25. 慈祥 | （形） | cíxiáng |
| 26. 盛夏 | （名） | shèngxià |
| 27. 欢声笑语 | | huānshēng xiàoyǔ |
| 28. 飘荡 | （动） | piāodàng |
| 29. 五彩 | （名） | wǔcǎi |
| 30. 繁星点点 | | fánxīng diǎndiǎn |
| 31. 漂浮 | （动） | piāofú |
| 32. 碧蓝 | （形） | bìlán |
| 33. 碧绿 | （形） | bìlǜ |
| 34. 洒落 | （动） | sǎluò |
| 35. 令人神往 | | lìng rén shén wǎng |
| 36. 飞翔 | （动） | fēixiáng |
| 37. 徘徊 | （动） | páihuái |
| 38. 流连 | （动） | liúlián |

### ◎【例文评析】

这是一篇写景的记叙文。作者先交代了金沙滩的地理位置，然后描写了沙滩上的迷人景色，接着又描绘了湖面上的画面。作者借用景物描写进行渲染和衬托，使文章情景交融，突出了阳光下游客那种自由、轻松、愉悦的心境。开头和结尾照应，全文浑然一体。文章的语言优美，生动流畅，比喻和排比手法的运用，增强了文章的感染力。

### 【例文二　状物记叙文】

**校园里的古树**

每当我走进校园，首先映入我眼帘的就是那棵高大的古树。

说它高，一点儿也不夸张，它足有四层楼那么高。说它粗，它可是真够粗的，五六个小朋友手拉手，才能把它围住。如果你要问这棵古树有多大的年纪了，那我告诉你吧，它已经500多岁了。

春天，是万物复苏的季节，古树也萌生出许多可爱的嫩叶，虽然不是很茂密，却显得生机勃勃。早晨，阳光照到叶子上，叶面上闪烁着耀眼的光彩；傍晚，夕阳停在天边，又为古树的叶子镀了一层金黄色，使古树呈现出仙境般的美景。

夏天的古树更加茂密，浓密的叶子连阳光都照不透，从树下仰望只能看见树枝和树冠边缘的一些叶子。从远处看，古树好像撑起七八把大伞，为人们辟开了一大片阴凉。于是一下课，同学们就聚到了古树下，一起做游戏、唱歌、交流学习经验……这时，一阵热风吹过，古树发出“沙沙”的声音，好像在对我们说：“孩子们，一定要好好学习，将来成为祖国的栋梁。”

秋天，是收获的季节。一阵秋风吹过，古树的叶子开始飘落。那落叶，有的像蝴蝶飞舞，有的像黄莺展翅，有的打着旋儿一片片往下落，给校园的操场上铺满了一层金黄色的地毯。踩在上面“吱吱”地响。暖暖的秋阳把金色的光斑洒在地上，美极了。

冬天到了，古树掉光了叶子，赤裸裸地站在那里。一场大雪过后，操场上便成了白色的海洋，古树上也积满了雪花，犹如大海的孤岛，又像一座银白色的宝塔。

校园里的古树是500年前的人栽下的，而校园却是后人建的。它是祖辈们改造自然、创造美好环境的见证。校园里的古树每天都在向我们诉说一个道理：前人栽树，后人乘凉，不要忘记前人的功劳啊！

校园里的古树啊！我不会忘记你给我们带来的欢乐，更不会忘记你给我们带来的种种好处。以后，我不管走到哪里，都不会忘记你对我的教诲。我也要学习祖辈们的奉献精神。

我爱你！校园里的古树！

## 生词

| | | | | | |
|---|---|---|---|---|---|
| 1. 映入 | （动） | yìngrù | 14. 辟 | （动） | pì |
| 2. 眼帘 | （名） | yǎnlián | 15. 栋梁 | （名） | dòngliáng |
| 3. 万物复苏 | | wàn wù fù sū | 16. 黄莺 | （名） | huángyīng |
| 4. 萌生 | （动） | méngshēng | 17. 旋儿 | （名） | xuánr |
| 5. 嫩叶 | （名） | nènyè | 18. 铺 | （动） | pū |
| 6. 茂密 | （形） | màomì | 19. 踩 | （动） | cǎi |
| 7. 生机勃勃 | | shēngjī bóbó | 20. 赤裸裸 | | chìluǒluǒ |
| 8. 闪烁 | （动） | shǎnshuò | 21. 犹如 | （动） | yóurú |
| 9. 耀眼 | （动） | yàoyǎn | 22. 遐想 | （名） | xiáxiǎng |
| 10. 镀 | （动） | dù | 23. 栽 | （动） | zāi |
| 11. 仰望 | （动） | yǎngwàng | 24. 祖辈 | （名） | zǔbèi |
| 12. 树冠 | （名） | shùguān | 25. 见证 | （名） | jiànzhèng |
| 13. 撑 | （动） | chēng | 26. 教诲 | （名） | jiàohuì |

◎【例文评析】

这篇文章描摹了一棵古树。文章首先用生动形象的笔触,描绘了这棵古树的高大粗壮;然后描写了它一年四季生机勃勃、枝繁叶茂、树叶凋零和银装素裹的特征;最后层层深入地揭示了古树的象征意义,托物抒情,赞美了前辈们的奉献精神。象征、排比、拟人等修辞方法的运用使事物更加生动形象。

## 记叙文(二)

### 一、写景记叙文的概念

写景的记叙文就是以描写自然景物为主要内容的记叙文。这类记叙文专门描写时令节气、山川湖海、日月星空、阴晴雨雪、花草树木以及居住环境、风土人情等。通过景物描写表达对祖国、对家乡、对大自然和美好生活的热爱之情。

### 二、写景记叙文的写作方法

写景记叙文在写作时需要注意以下几点:

**(一) 抓住景物的特点**

世界上的景物千差万别,各有姿态,不同的景物有其独特的状貌,只有抓住景物的特点去描写,才能写出景物独特的个性,才能给人以真切感。

**(二) 抓住景物的形状**

描写景物就是再现景物的大小、状态、格调以及质地,等等。写作时可以运用数量词和方位词等,或运用比喻、映衬等修辞手法,使景物再现于读者眼前。

**(三) 抓住景物的色彩**

在现实生活中,景物是五光十色的,写文章时就得仔细观察景物的特点,准确地描摹景物的色彩。

**(四) 抓住景物的声响**

描写景物的声响可以使读者从听觉上真切地感受到景物,这样描绘出来的画面有立体感。

**(五) 动静结合描写景物**

生活中的景物动中有静,静中有动,写作中应该如实反映,动静结合。

### 三、状物记叙文的概念

状物, 就是用生动形象的语言,把事物的状态具体地描绘出来,读者虽然没有见过被描写的事物,但读了这些文字就如亲眼目睹一样。状物的记叙文,也不是为状物而状物。而是托物言志或托物抒情,就是通过描述某物,来表明作者的某种思想、某种感情。这类文章的特点在于把比较抽象的思想感情寄托于具体、形象的事物当中,文中既有对所寄托事物的具体描述,又有对所寓之理和情的充分阐发。

### 四、状物记叙文的表达方式

状物最主要的表达方式就是描写。描写的方法很多,常见的有白描和细描,正面描写和侧面描写,动态描写和静态描写。

1. 白描和细描

白描，是指用简洁的语言把描写对象的特征勾勒出来。细描也叫工笔，是用细腻的笔法，对描写对象的某些方面做精雕细致的描写。这种描写往往借助对比、拟人、夸张等修辞方法，写出对客观事物具体细微的感觉。

2. 正面描写和侧面描写

正面描写是对客观事物作直接的描写，使读者从正面直接地、全面地了解描写对象的形态。侧面描写是通过描写跟主要对象相联系的事物来映衬、烘托被描写的主要对象。

3. 动态描写和静态描写

动态描写是描写事物在形态、声音、色彩、气味等方面的变化；静态描写是描写事物处于静态时的位置、形状、大小及色彩等。动态描写和静态描写也常常结合起来运用。

## 五、状物记叙文的写作方法

要想写出优美的状物记叙文，应从以下三方面去努力：

### （一）仔细观察

观察不只是看，它包括眼、耳、鼻、舌、身等各种感觉器官的感知活动。常用的观察方法有两种：全面观察法和局部观察法。

### （二）准确描摹

经过仔细观察，掌握大量的材料之后，就要考虑如何用恰当的语句把观察到的东西描摹下来。为了反映事物的特征，使描写对象形象生动，状物文章常常使用的方法是：(1)运用多种描写手法，如白描和细描，正面描写和侧面描写，动态描写和静态描写。(2) 运用多种修辞方法。常用的有比喻、拟人、衬托、对比、对偶、排比、夸张等。恰当地运用一些修辞手法，可以把事物描写得具体、生动、形象。

### （三）表明用意

前面说过状物的记叙文都要借物抒情、托物言志，并不是为状物而状物。作者要对客观事物仔细观察，抓住特征，深入挖掘客观事物蕴含的深刻意义。

# 应用文写作·实习报告

## 【例文　实习报告】

### 实习报告①（主体部分）

一、实习目的：②

这次实习的主要目的是参观、实践、巩固食品和工艺学等学科的基础知识和专业知识，在实践中调查研究，训练和培养自己分析问题、解决问题的能力，为以后的学习，毕业论文(设计)的撰写奠定坚实的基础。具体如下：

1. 接触社会，了解省情和国情，了解实习场所的发展史，特别是改革开放以来的情况。了解所学专业在经济建设中的地位、作用和发展趋势，增强对专业学科范围的感性认识；

2. 学习企业管理知识，熟悉工程技术人员的工作职责和工程程序，获得组织和生产管理的初步知识，虚心向工人和技术人员学习，培养热爱专业、热爱劳动、遵守组织纪律的良好品德；

3. 学习生产技术，巩固深化所学的理论知识，培养分析和解决工程实际问题的能力；

4. 了解和初步掌握生产工艺的流程、技术经济指标；

5. 了解生产工艺所用的设备(规格型号及工作原理)。

二、实习时间：③

2010 年 7 月 17 日- 2010 年 9 月 28 日

三、实习地点：④

谭氏食品有限公司

四、实习内容：⑤

1. 了解公司概况：

新疆谭氏食品有限公司是以番茄制品深加工为主营业务，集番茄种植、生产、加工、贸易、科研开发为一体的农业产业化重点企业。公司毗邻 312 国道，道路四通八达，交通极其便利。公司已整体通过了 ISO9000:2000 质量体系认证和 ISO14001 环境质量认证以及 HACCP 认证，公司生产的"CHALkIS"番茄制品取得了欧共体 BCS 认证、犹太教认证、美国汉斯公司食品生产企业考核认证等多项国家认证，通过了国家食品检验中心非转基因品种认证。目前，公司生产的"CHALkIS"番茄制品远销世界四十多个国家和地区，倍受国内外消费者的青睐，产品供不应求，在国际番茄制品市场中占据着举足轻重的地位。

2. 了解番茄酱的生产工艺流程：原料选择→清洗→修整→热烫→打浆→加热→浓缩→密封→杀菌→冷却→成品

3. 熟悉番茄酱的制作要点：

(1) 原料选择：选择充分成熟、色泽鲜艳、干物质含量高、皮薄肉厚籽少的果实为原料。

(2) 清洗：修整洗净果面，切除果蒂及绿色和腐烂部分。

(3) 热烫：在沸水中热烫 2–3 分钟，使果肉软化，便于打浆。

(4) 打浆：用双道打浆机将果肉打碎，除去果皮种籽。

(5) 打热浓缩：不断搅拌，加热至固形物含量 22%–24%。

(6) 装罐密封：浓缩后立即装罐密封。

(7) 杀菌、冷却：在 100℃沸水中杀菌 20–30 分钟，冷却至罐温 35℃–40℃。

4. 明确产品的质量和卫生要求：

(1) 产品质量要求：酱体呈红色，均匀一致，具有一定的粘稠度，味酸，无异味，可溶性固形物达 22%–24%。

(2) 产品的卫生要求：生产中对水和设备有严格的要求，生产用水经检验合格后才允许用于生产，而对设备卫生要求也同样严格，管道内部一周做一次 CIP 清洗，待机四小时不生产也同样要做 CIP 在线清洗(即一遍碱洗一遍水洗)。

五、实习总结⑥

通过这次实习，我了解了谭氏食品有限公司，亲眼看到了该公司整个食品加工的工艺流程，了解了每个工作岗位的职责，巩固了我在学校所学的知识。新疆的农牧产品资源丰富，且质量很高，近年来受到国内外食品加工企业的广泛关注，食品深加工工业日益发展。这对于食品加工专业的学生来说，既是一个机遇，也是一个挑战。作为一名食品检验专业的学生，更应该在有限的时间内，掌握更多的专业知识，通过社会实践，接触社会，了解社会，向工农群众学习，培养锻炼自己的能力，更新观念，为日后走出校门，投身社会打下坚实的基础。

【注释】

① 标题　② 实习目的　③ 实习时间
④ 实习地点　⑤ 实习内容　⑥ 实习总结

◎【例文评析】

这是一份学期实习报告，条理清楚，格式规范齐全，内容真实可信，是一篇比较好的生产实习报告。

## 实习报告

### 一、实习报告的概念

实习报告是学生在某项实习活动中，把实习的目的、实习时间、实习地点、实习单位和部门、实习过程、实习体会和收获等，用简洁的语言写成的书面报告，是完全根据自己的实习经历所撰写的。

实习是教学过程中理论联系实际的重要环节，是培养应用型人才必要的基础训练和从业、创业的适应阶段，而实习报告的撰写又是知识系统化的吸收和升华过程，要体现学生掌握专业必备的基础知识和专业知识，以及从事本专业实际工作的基本技能和初步能力的综合运用，受到初步的实际工作技能的训练。因此，实习报告应该体现完整性、规范性、正确性、有效性。

### 二、实习报告的写作格式

实习报告大致由以下几部分构成：

1. 前置部分：包括封面和目录

（1）封面的内容：学校、系、专业和学生姓名、实习报告题目，题目要求反映出实习的内容或实习单位。

（2）目录：用以反映实习报告的结构和主要内容，也可以省略。

2. 主体部分：包括实习报告的引言、正文和附件

引言或绪言应主要介绍实习期的情况，包括本次实习的目的、意义、要求等，应当简明扼要。

正文包括以下几个方面：

（1）实习的目的：简明扼要，点明主题。

（2）实习单位及岗位介绍：扼要介绍实习单位的情况，如当前的规模和特点，过去的建设情况，今后的规划等。要求详略得当、重点突出，重点应放在实习岗位的介绍。

（3）实习内容及过程：这是重点，要求内容详尽、层次清楚；侧重实际动手能力和技能的培养、锻炼和提高，但切忌日记或记账式的简单罗列。

(4) 实习总结及体会:包括对实习单位工作的新建议与设想;在本次实习中的思想收获与心得体会;为本次实习提供条件、给予帮助的单位与个人致谢辞。

这部分是精华,要求条理清楚、逻辑性强;着重写出对实习内容的总结、体会和感受,特别是自己所学专业理论与实践的差距和努力的方向。

3. 附件部分:主要是实习鉴定,由实习单位签章,也可以把不便于放入正文的图表、图纸等作为附件放到正文后面。

**三、实习报告写作的注意事项**

(1) 要具有四要素:实习时间、实习地点(单位名称)、实习目的和实习内容,其中后两者是实习报告的主要内容。

(2) 要全面系统:对实习单位(企业)的生产方法、规模、组织、管理要说明,对它的过去情况、未来计划等也要介绍。

(3) 重点突出:对实习大纲要求的主要内容,一定要详细地记录,该列表的列表,该画图的画图,一定要把丰富、复杂的事物,清楚详尽地表示出来,特别是一些重要数据,要尽量列举出来。

(4) 内容必须实事求是,客观真实,准确完备,合乎逻辑,层次分明,语言流畅,结构严谨,书写工整,符合学科及专业要求。

(5) 实习报告不仅看其内容及质量,报告的外在形式也是重要的,封面的设计、排版形式、数据运用、图表设计等都有相应的规范要求。

## 课堂练习

### 训练一　写作

**1. 根据所给词语描写下列景物,每组 100 字左右。**

(1) 春天的阳光:明媚　温暖　生机　春意盎然

(2) 夏季的海滩:炎热　清凉　蔚蓝　五颜六色

(3) 深秋的树木:枯黄　飘落　落叶　秋高气爽

(4) 寒冬的白雪:洁白　厚厚　松软　亮晶晶

**2. 根据所给词语描写下列事物,每组 100 字左右。**

(1) 巍巍的高山:耸立　陡峭　眺望　瀑布

(2) 清清的溪水:浪花　鱼群　倒影　明净如镜

(3) 广阔的草原:蓝天　羊群　驰骋　一望无际

(4) 挺拔的松树:深绿　不畏严寒　傲立雪中　四季常青

## 课后练习

**一、思考题**

1. 写作写景记叙文需要注意什么?
2. 状物记叙文的表达方式有几种?
3. 简述实习报告应包含的主要内容。

## 二、综合练习题

1. 下面句子中有 A、B、C、D 四个带下画线的词语，去掉其中某一个词语会使句子变成病句。请找出这个不能删去的词语，在指定的位置上填写代表正确答案的字母。

(　　)(1) 由于夏季天气炎热，这里的人们常常感到口干舌燥。
A　B　C　D

(　　)(2) 中国历史上四大美女之一的西施就出生在杭州。
A　B　C　D

(　　)(3) 正当我迷迷糊糊将要进入梦乡的时候，电话突然响了。
A　B　C　D

(　　)(4) 听着母亲的话，望着满天的繁星，我突然感到瘦弱的母亲此刻是那样的伟大。
A　B　C　D

(　　)(5) 我知道，作为大夫，不仅能救人，也能加害于人。
A　B　C　D

(　　)(6) 花下成千成百的蜜蜂嗡嗡地闹着，大小的蝴蝶飞来飞去。
A　B　C　D

(　　)(7) 春天像健壮的青年，有铁一般的胳膊和腰脚，他领着我们上前去。
A　B　C　D

(　　)(8) 绿色的深谷里也散布着一顶顶牧民的蒙古包，像水洗的玉石那么洁白。
A　B　C　D

(　　)(9) 这就是白杨树，西北极普通的一种树，然而绝不是平凡的树！
A　B　C　D

(　　)(10) 我赞美白杨树，就因为它不但象征了北方的农民，更象征了今天我们民族解中所不可缺的精神。
A　B　C　D

2. 在每题的语句中有一处或两处画横线处，题后有 A、B、C、D 四个答案，其中只有一个可以放入横线处使语句表达通顺。请找出这个句子，在指定的位置上填写代表正确答案的字母。

(　　)(1) 做任何事情，开始的时候，______想得容易些，______想得难些。

A. 不仅……而且……　　B. 与其……不如……
C. 虽然……但是……　　D. 如果……那么……

(　　)(2) 长城______能对旅游者有那么大的吸引力，______长城代表着中国的历史和文化。

A. 因为……所以……　　B. 不管……总是……
C. 不但不……反而……　　D. 之所以……是因为……

(　　)(3) 在同事们的帮助下，__________，请你放心。

A. 我所有的问题都解决了　　B. 所有我的问题都解决了
C. 都所有问题我解决了的　　D. 都解决了问题所有我的

(　　)(4) 我去年买的那双鞋已经坏了，______。
A. 今年一定得买一双结实点儿的　　B. 一定今年得买一双结实点儿的
C. 今年得买一双一定点儿结实的　　D. 得一定买一双结实点儿的今年

(　　)(5) 做家具比买家具好，因为做的家具______。
A. 使可以住房的布局更合理　　B. 使住房的布局更合理可以
C. 可以使住房的布局更合理　　D. 可以更使合理住房的布局

3. 修改病句。

(1) 故宫博物院展出了两千多年前新出土的文物。

______________________________________________。

(2) 我不禁忍不住为王一民精彩的表演而喝彩。

______________________________________________。

(3) 沿街摆满了黄瓜、韭菜、鸡鸭和农副产品。

______________________________________________。

(4) 老师夸耀我们班的纪律好。

______________________________________________。

(5) 这是虽在北方的风雪压迫下，而且倔强挺立的一种树！

______________________________________________！

4. 连句成段。

A. 为了保护这只虎，秘鲁人从大自然里单独圈出 1500 英亩的山地修了虎园，里面有山有水，还有成群结队的牛、羊、兔供老虎享用。奇怪的是，没有人见这只老虎捕捉过猎物，它只吃管理员送来的肉食，也没见它威风凛凛地从山上冲下来。它常躺在装有空调的虎房，吃了睡，睡了吃。

B. 这一招果然灵验，自从三只豹子进了虎园，美洲虎不再睡懒觉，也很少回虎房。它时而站在山顶引颈长啸；时而冲下山来，雄赳赳地满园巡逻；时而冲到豹子面前，放肆地挑衅……

C. 美洲虎是一种濒临灭绝的动物，世界上仅存 17 只，其中一只生活在秘鲁的国家动物园。

D. 一天，一位来此参观的市民说："它怎么能不懒洋洋？虎是林中之王，你们放一群只吃草的小动物，能提起它的兴趣吗？这么大的虎园，不弄几只狼来，至少也得放几条豺狗吧！"虎园领导听他说得有道理，就把三只豹子投进了虎园。

正确顺序：______________________

## 三、能力训练题

1. 以《月是故乡明》为题写一篇作文。

写作要求：

(1) 写出故乡明月和异地之月的不同之处；

(2) 要有对月夜的景物描写；

(3) 力求写得情景交融。

# 第十四课

## 学习提示

**学习目标：**掌握说明文的特征及相关的知识；了解计划的概念、特点、格式，能够按照标准格式熟练写作运用。

**学习重点：**说明文的写作技巧；计划的写作格式。

## 一般文体写作·说明文（一）

**【例文】**

**太阳花**

世界上的花有好多种，比如：广玉兰、月季花、玫瑰花、梅花、菊花、君子兰、茶花，等等。但是，开花最多、颜色最丰富的花要属太阳花了。太阳花有红的、黄的、白的、紫红的、深红的、橘黄的……太阳花的花瓣是单层的，形状像梅花。太阳花的茎长长的，细细的，软软的，弯弯曲曲。它的枝干很细，叶子很密集。

太阳花只有在见到太阳时才开花。每天太阳从东方徐徐升起时，太阳花们就争先恐后地张开它们的一张张笑脸。微风吹去，太阳花“摇头晃脑”，似乎在念诗，又似乎在向行人点头。太阳花的花骨朵儿是红色的，形状有黄豆般的大小，和其它的花骨朵不同，短短的、圆圆的。

太阳花的花籽由几片小叶子围着。花籽芝麻般大小，小花籽成熟后，散落在大地母亲的怀抱中，经过阳光和雨露的滋润，第二年就能生长并开放出更加漂亮的太阳花了。

太阳花的生命力十分旺盛，掐一段带花苞的太阳花枝条，插到泥土里，这个花苞当天就可以继续开花，这是其他植物难以做到的。

太阳花到了晚上就像玩儿了一天的孩童，疲倦而又欣慰地进入甜美的梦乡。

太阳花虽然没有玫瑰的高贵，菊花的芬芳，广玉兰的纯洁高雅，梅花的香气，但是太阳花却有无私奉献的精神。

我爱太阳花，爱它那顽强而又旺盛的生命力，更爱它那无私奉献的精神。

## 生词

| | | | | | |
|---|---|---|---|---|---|
| 1. 花瓣 | （名） | huābàn | 6. 花骨朵 | （名） | huāgūduo |
| 2. 密集 | （形） | mìjí | 7. 滋润 | （动） | zīrùn |
| 3. 徐徐 | （副） | xúxú | 8. 旺盛 | （形） | wàngshèng |
| 4. 争先恐后 | | zhēng xiān kǒng hòu | 9. 掐 | （动） | qiā |
| | | | 10. 花苞 | （名） | huābāo |
| 5. 摇头晃脑 | | yáo tóu huàng nǎo | 11. 欣慰 | （形） | xīnwèi |
| | | | 12. 高雅 | （形） | gāoyǎ |

◎【例文评析】

本文绍了太阳花的颜色、枝干、叶的形状、花籽的结构，说明了太阳花旺盛的生命力，抒发了作者对太阳花无私奉献精神的赞扬之情。

## 说明文（一）

### 一、说明文的概念

说明文是介绍事物、解释事理的一种文体。它主要是用说明的表达方式，把事物或事理的状态、性质、特点、成因、功用等写清楚，使读者了解事物或事理。

说明文着重解释客观事物的属性，一般不表明作者的看法、主张和思想感情。

### 二、说明文的类型

说明文按照说明对象的不同，可分为事物说明文和事理说明文。

### 三、说明文的特点

1. 解说性

在说明文里，解说是最基本的表达手段，解说的目的是使人了解一样事物或是一种事理。进行解说时，要把握住解说对象的主要特征，并根据读者的具体需要作清晰明白的解说。

2. 科学性

进行说明必须十分注意科学性，不管是说明性状、解释概念，还是阐明性质、指出特点，都必须符合实际，恰如其分。

3. 客观性

说明文通过介绍、解说、阐述事物或事理，达到给人以知、教人以用的目的。因而，不管是对实体事物的说明，还是对抽象事物、事理的说明，都必须如实地反映事物和事理的本来面貌，作者必须采取完全冷静、理智和客观的态度，不能如记叙文那样带上对事物的感情倾向，或如议论文那样带上对事物的个人见解。

## 四、说明文的语言

说明文语言的准确性，是说明文语言的先决条件。表示时间、空间、数量、范围、程度、特征、性质、程序等，都要求准确无误。说明文的语言要特别注意使用的术语和修饰限制性的词语，如“我国的石拱桥几乎到处都有”，其中“几乎”对“到处都有”作了限制，意思是接近于“到处都有”，因为事实上不可能到处都有。

## 五、说明文的结构

说明文常用的结构模式有两种：

1. 总分式：包括总——分、分——总、总——分——总等，事物说明文多用总分式，其中“分”的部分又常按并列方式安排。

2. 递进式：事理说明文多用递进式结构，一层一层地剖析事理。

## 六、说明文写作的注意事项

在说明文的写作中，一般应注意以下几点：

1. 抓住事物特征

说明文要客观地、科学地解说事物，就必须把握事物特征。为表现出事物特征，首先要选择好“说明点”，即明确“说明什么，回答什么问题”，也就是写作目的要清楚；其次，根据写作对象和说明的目的，要选择好角度，确定说明的重点；此外，说明时，还要注意对说明对象的整体把握，不要以偏代全。

2. 安排好顺序

说明的顺序要清晰，这样说明文才思路清楚、结构明了。

（1）实体事物可以按照它所处的空间位置或构成部分，按上下左右、前后内外、东南西北的次序，按由总到分或由分到总的关系安排结构。

（2）事理类说明文，一般要按照人们的认识规律由浅入深，由具体到抽象，由简单到复杂，由熟悉的事例到成因事理来安排顺序。在事理说明文中，要认清事物内部的逻辑关系，或主从、或并列、或因果，抓住这些关系，就能恰当地理出说明顺序。

3. 说明要客观、准确、简洁

说明要客观，一般不夹杂个人的感情色彩及倾向，客观事物是怎样的，就怎样做解说，这也是说明文的特性所在。

# 应用文写作·计划

## 【例文　计划】

### 2010年建材班班主任工作计划[①]

一、班级基本情况和目标：

我们班共有学生40人，其中男生29人，女生11人。除一位本市学生以外，全部来自于外省市。这些学生学习成绩不够理想，但思想纯朴，进取心强。本学期我们班的基本目标是：建立一支有进取心、能力较强的班干部队伍；在全体同学中树立明确的学习目标，形成良好的学习风气；培养学生良好的行为规范，弘扬正气，逐步形成守纪、进取、勤奋的班风。

二、具体措施：

1. 抓好班级一日常规，杜绝迟到旷课现象，抓好自修课纪律，提高效率。
2. 提高板报、墙报质量，营造良好的学习氛围，构建良好的班级文化。
3. 利用班级刊物对学生进行思想教育，发挥学生的主观能动性，激励学生。
4. 通过组织班级活动培养学生的集体观念，增强班级凝聚力。
5. 定期开展学习活动，培养学生良好的学习态度和方法。
6. 开展有益的文体活动，促进学生的身心健康发展。
7. 组织学生积极参与学校的各项活动，力争在各项活动中取得好成绩。
8. 定期与学生谈心交流，了解学生的思想动态，及时疏导解决学生的问题。

三、活动安排：

第一周：做好开学的各项准备工作。

第二周：庆祝教师节。

第三周：学生报名，安排好学生的住宿和生活问题，参加学校开学典礼。

第四周：选举班团干部，制订班、团活动计划，强化常规管理条例。主题班会：自我介绍和入学感想。

第五周：主题班会：迎国庆文娱联欢会。

第六周：组建班级运动队，迎接学校运动会。

第七周：班级辩论赛。

第八周：期中考试动员、考风考纪教育。

第九周：复习迎考。

第十周：期中考试。

第十一周：期中考试得失谈。

第十二周：社会实践。

第十三周：主题班会：特长展示（手工制作、网页制作、绘画、书法等）。

第十四周：一二·九庆祝活动。

第十五周：开展学习党章活动。

第十六周：主题班会：学习经验交流会。

第十七周：期末复习动员。

第十八周：期末考试。②

今年是新生进校的第一学期，学生结束了紧张而关键的高中生活，大多数学生是第一次离开家来到一个新的环境，可能会对大学生活感到新奇又茫然。这时候班主任的工作至关重要。特制订此计划，希望我们的学生能够在一个新的环境中快乐健康成长，有一个充实而愉快的大学生活，不仅学到一定的专业技能，而且身心也得到健康发展。③

新疆建筑职业技术学院 2010 建材班④

2010 年 8 月 20 日⑤

【注释】

① 标题　　② 计划的主要内容　　③ 结尾

④ 署名　　⑤ 制订计划的时间

◎【例文评析】

这是一份班主任的工作计划，详细地介绍了新学年的工作目标、具体措施和活动安排，行文条理清晰，用语平实、明确、简要。

## 计划

### 一、计划的概念

计划是单位和个人在一定的时间内为完成某项任务而事先作出的打算和安排。计划是一个统称，常见的设想、规划、打算、安排、意见、要点、方案等，都属于计划。只是由于内容等方面的不同，往往选用不同名称。

### 二、计划的种类

计划从性质、内容、时间等角度可划分出不同的种类：

按性质分，有综合计划和专题性计划；

按内容分，有学习计划、生产计划、工作计划、科研计划、教学计划等；

按范围分，有国家计划、部门计划、单位计划、个人计划等；

按时间分，有长期计划、短期计划、年度计划、季度计划、月份计划等；

按表达方式分，有文字计划（条文式）、表格式计划、条文图表结合式计划等；

### 三、计划的特点

#### （一）预见性

计划是对未来一定时期内需要完成的工作任务或学习任务的安排，对未来的工作、生产或学习有较强的指导和推动作用。因此，计划应预先估计可能出现的情况，并预先制定措施、做好安排，才能取得工作的主动权。

#### （二）可行性

计划在很大程度上是人们工作、生产或学习的行动指南。制定的目标、措施应具可行性，否则就成了一纸空文。

#### （三）明确性

计划的目标、措施、指标必须具体明确，才能保证工作、生产或学习的有序性或主动性。

### 四、计划的写作格式

计划的写作有条文式和表格式，有的两者兼有。条文式计划一般包括标题、正文、署名和日期几个部分。

**（一）标题**

由制订计划单位、计划时间、计划内容和文种四部分组成。如“××后勤处××××年第三季度工作计划”。单位和时间有时可省，如“××市管理工作计划”、“2008年综合治理工作安排”。如果计划尚不成熟或还未讨论通过，可在标题后加上“初稿”、“草案”、“讨论稿”、“征求意见稿”等字样。表格式计划，可在标题后加“表”字，如“××××年下半年早操训练计划表”。

**（二）正文**

正文是计划的主体部分，是具体内容，一般由前言、目标和任务、措施和步骤构成。

1. 前言

由指导思想和基本情况组成。指导思想是制订计划的目的和依据。基本情况是概括说明前期计划的执行情况，指出成绩、经验或问题和不足，从而根据下阶段的特点，找出当前执行计划的有利条件和不利因素，以确保新的工作计划建立在坚实可行的基础上。

2. 目标和任务

目标和任务是工作计划的主体，明确回答“做什么”的问题。这部分既然是全文的主体，就应该展开来写，分条列项，尽可能明确具体，使“做什么”一目了然，目标明确，任务心中有数。

3. 措施和步骤

这部分包括落实计划的过程与做法。一般可采用分段或列小标题的方式标明步骤或措施，再详细说明具体做法。措施和步骤是完成任务的保证，措施要具体，分工要明确，步骤要有序，条理要清楚。时间安排应当具体，到什么时间，要完成哪些任务，都要一一说明，即明确“怎么做”（“何时做”、“谁来做”、“做到什么程度”、“何时完成”）。

**（三）署名和日期**

主要写明制订计划的单位或个人的名称和日期，写在正文的右下方。如果标题已提到制订计划的单位名称，那么只注明制订计划的具体日期。

## 课堂练习

### 训练一　写作

以“我们的学校”为题写一篇说明文。

写作要求：1. 注意突出说明对象的特点。

2. 采用多种说明方法。

3. 按空间顺序或时间顺序写作。

4. 字数在300~500左右。

### 训练二

**1. 下面是一篇计划，请根据所学知识完成文后题目。**

××中学高中理科文化补习班学习计划

近几年来，高中毕业生没能升入大学学习的人数越来越多，而他们已经成了各行各业的有生力量。但也不能忽视，一些青年虽然高中毕业，文化素质却很差，理论水平低，科学文化知识掌握得不牢固。根据以上原因，我校特举办高三理科补习班。每天晚上学习两个半小时，招生对象是2000年以后的高中毕业生。为更好地完成学习任务，我校教务处制订如下计划：

1. 学习内容：高中数学、语文、英语、理化、政治、生物。

2. 学习进度：

第一学期(2008年9月1日—2009年1月12日)：解析几何、语文(第一、二、三册)、政治经济学、立体几何、英语(第一册)、物理(第一册)。

第二学期(2009年2月23日—2009年7月1日)：代数、物理(第二、三册)、化学(第二册)、辩证唯物主义、语文(第四、五、六册)、英语(第二册)、生物。

学习中，每学完一门课进行一次考试，以检查学习情况。

3. 学习方法：

任课教师：代数、几何、语文、理化均由校内数学、几何、理化教研组承担；生物聘请××中学的××老师，政治两学期均由教师××承担。学生上课时做笔记，课后复习，做课后习题及老师布置的练习题。由任课老师批改作业。每学完一个单元进行一次考试，以便掌握学生的学习情况。

××中学教务处

2008年7月25日

(1)此计划的标题应改为什么？

(2)根据上述计划的内容，归纳出条理明晰的计划内容要点。

**2. 亲爱的同学，一学期的大学生活即将结束，期盼已久的寒假快到了，你有什么打算？请为自己制订一份寒假学习计划。要有明确的内容，具体的措施。**

## 课后练习

### 一、思考题

1. 说明文可分为那几种？
2. 说明文的结构模式主要有几种？请举例说明。
3. 简述说明文的写作要求。
4. 简述计划的特点和写作要求。

### 二、综合练习题

1. 下面句子中有A、B、C、D四个带下画线的词语，去掉其中某一个词语会使句子变成病句。请找出这个不能删去的词语，在指定的位置上填写代表正确答案的字母。

(　　)(1) 这点美丽的淡蓝色的荧光，融入了一个女子美丽的生命和不屈的信念。
A　B　C　D

(　　)(2) 居里夫人的美名，从她发现镭的那一刻起便流传于世界，迄今已有百年。
A　B　C　D

(　　)(3) 我国对地震的科学研究曾作过很大的贡献。
A　B　C　D

(　　)(4) 阿里木看到自己辛辛苦苦几十年,用血汗盖起来的房屋,此时仅剩下断壁和
A　B　C
一堆土坯,泪水禁不住流了下来。
D

(　　)(5) 毫无疑问,周恩来总理必将作为伟大的无产阶级革命家而载入史册。
A　B　C　D

(　　)(6) 我们当然要反对死记硬背,但是我们并不反对对知识的巩固。
A　B　C　D

(　　)(7) 平时我们看到的圆圆的太阳就是太阳的光球,它的厚度只有 500 公里,温度大
A　B　C　D
约有 6000 度。

(　　)(8) 结果他把餐桌上的东西一扫而光,然后向侍者询要账单。
A　B　C　D

(　　)(9) 她和他走在一起,让人们能够想到的只能是"郎才女貌"。
A　B　C　D

(　　)(10) 现在,窗前的桃花心木苗已经长得与屋顶一般高,是那么优雅自在,显示出
A　B　C
勃勃生机。
D

2. 在每组 A、B、C、D 四个句子中,只有一个是正确的,请找出这个句子,在指定的位置上填写代表正确答案的字母。

(　　)(1) A. 今年暑假我在校期间的最后一个假期。
B. 马金龙的成长和发展,他认识到平凡人也可以做出不平凡的贡献。
C. 研究人员发现:河马身上没有汗腺。
D. 李丽所以这般刻苦,因为有一种坚强的思想在支持她。

(　　)(2) A. 酒的包装也是一个十分重要的因素。
B. 天边两颗相邻的星星即将在交谈了。
C. 月亮发光不会,但在人们心里,月亮形象为什么比我们更亮、更高大呢?
D. 我们不应该指责别人而辩护自己。

(　　)(3) A. 有时候,因为忙,我不怎么常常跟你联系。
B. 跑步是一项非常普及的运动。
C. 我们最容易扩大的东西是别人的缺点和自己的长处。
D. 我国人口是世界上人口最多的国家。

(　　)(4) A. 我想就志愿考生填报的情况,采访这儿的师生。
B. 我想填报志愿就考生的情况,采访这儿的师生。
C. 我想就情况考生填报志愿的,采访这儿的师生。
D. 我想就考生填报志愿的情况,采访这儿的师生。

(　　)(5) A. 其实,任何一种非凡的成功的背后必定有着闪光的细节。
B. 其实,一种任何成功的非凡的背后必定有着闪光的细节。
C. 其实,任何非凡的一种成功的背后必定有着闪光的细节。
D. 其实,一种非凡的任何成功的背后必定有着闪光的细节。

3. 修改病句。

(1) 太阳是一颗很普通的恒星,但如果没有它,地球将是一片黑暗,都什么东西没有。

________________________________________________。

(2) 我们大家先把这个问题考虑,以后抽时间研究。

________________________________________________。

(3) 我国棉花的生产长期不能自给。

________________________________________________。

(4) 我们如果把自己国内的事情不努力搞好,那么在国际上就很难有发言权。

________________________________________________。

(5) 如果趁现在不赶快检查一下代耕工作,眼前的地就锄不好。

________________________________________________。

4. 连句成段。

A. 其中澳门半岛是澳门的政治、经济、交通和文化中心,澳门 94%以上的人口和绝大部分工商业集中于此。

B. 澳门包括澳门半岛、氹(dàn)仔岛和路环岛,位于珠江口西岸,紧邻珠海经济特区。

C. 澳门现有总人口约 45 万,其中 96.8%为华人,3.2%为葡萄牙人和其他外籍人士。

D. 由于多年的泥沙淤积和大规模的填海造地,澳门现在的总面积约为 21.45 平方公里,全境的南北距离为 11.9 公里,东西距离为 7 公里。

正确顺序:________________

## 三、能力训练题

1. 以"我喜爱的一种动物(或植物)"为题写一篇说明文,字数不少于 500 字。

2. 根据自己的情况,结合专业方向,写一份毕业实习计划。

**尊重篇**

① 经常受到人们的尊敬比别人赞美数次要强过百倍。——(法)卢梭

②蒙羞的人都渴望别人的尊重。——(法)雨果

# 第十五课

## 学习提示

**学习目标：**掌握事理说明文的概念和写作方法；了解总结的概念、特点、格式，能够按照总结的写作格式熟练写作运用。

**学习重点：**事理说明文的写作方法；总结的写作方法。

## 一般文体写作·说明文(二)

**【例文一】**

### 死海不死

在亚洲西部，巴勒斯坦和约旦交界处，有一个"死海"。远远望去，死海的波涛此起彼伏，无边无际。但是，谁能想到，如此浩荡的海水中竟没有鱼虾、水草，甚至连海边也寸草不生？这大概就是"死海"得名的原因吧。

然而，令人惊叹的是，人们在这无鱼无草的海水里，竟能自由自在地游来游去。即使是不会游泳的人，也总是浮在水面上，不用担心会被淹死，真是"死海不死"。

那么，死海海水的浮力为什么这样大呢？因为海水的密度很高。据统计，死海海水里含有多种矿物质：有135.46亿吨氯化钠(食盐)，有63.7亿吨氯化钙，有20亿吨氯化钾，另外还有溴、锶等。把各种盐类加在一起，占死海全部海水质量的23%~25%。这样就使海水的密度大于人体的密度，难怪人一到海里就自然漂起来，沉不下去。

死海是怎样形成的呢？关于死海的形成有很多古老的传说，这些传说是人们还无法认识死海形成过程时的种种猜测。其实，死海是一个咸水湖，它的形成是自然界变化的结果。死海地处约旦和巴勒斯坦之间南北走向大裂谷的中段，它的南北长80千米，东西宽约5至17千米，海水平均深度300米，最深的地方大约有1000米。死海的源头主要是约旦河，河水含有很多的盐类，河水流入死海，不断蒸发，盐类沉积下来，经过漫长的岁月，越积越浓，便形成了今天世界上最咸的咸水湖——死海。

几十年前，死海还是一片荒凉。为了开发利用它的资源，死海旁边出现了一些工厂，同时还修建了一些现代化的游泳池、高级旅馆和游乐场所。死海上艳阳高照，海面空气清新，含氧量高，海水治病的功能不逊于温泉，因此吸引了许多游客，也使它焕发了不少生机。

但是，由于死海的蒸发量大于约旦河输入的水量，造成水面日趋下降。据专家测算，最近十年来，每年死海水面下降10~50厘米。长此以往，在不久的将来，南部较浅的地方，海水就会消失；较深的北部，数百年后也可能干涸。那时死海真的要死了。

## 生词

| | | | | | |
|---|---|---|---|---|---|
| 1. 此起彼伏 | | cǐ qǐ bǐ fú | 14. 传说 | （名） | chuánshuō |
| 2. 无边无际 | | wú biān wú jì | 15. 猜测 | （名） | cāicè |
| 3. 浩荡 | （形） | hàodàng | 16. 地处 | | dìchǔ |
| 4. 寸草不生 | | cùn cǎo bù shēng | 17. 裂谷 | （名） | liègǔ |
| | | | 18. 源头 | （名） | yuántóu |
| 5. 惊叹 | （动） | jīngtàn | 19. 蒸发 | （动） | zhēngfā |
| 6. 浮力 | （名） | fúlì | 20. 沉积 | （动） | chénjī |
| 7. 氯化钠 | （名） | lǜhuànà | 21. 荒凉 | （形） | huāngliáng |
| 8. 氯化钙 | （名） | lǜhuàgài | 22. 艳阳高照 | | yànyáng gāo zhào |
| 9. 氯化钾 | （名） | lǜhuàjiǎ | | | |
| 10. 溴 | （名） | xiù | 23. 清新 | （形） | qīngxīn |
| 11. 锶 | （名） | sī | 24. 不逊于 | | búxùnyú |
| 12. 密度 | （名） | mìdù | 25. 日趋 | （副） | rìqū |
| 13. 漂 | （动） | piāo | 26. 干涸 | （形） | gānhé |

### ◎【例文评析】

这是一篇科普性的事理说明文。作者以“死海不死”为说明事理，用翔实确凿的资料、数据说明了“死海”名称的由来、“死海不死”的原因、死海是怎样形成的，以及现在人们对“死海”的开发利用，同时也对“死海”的未来表示担忧。文章的结构严谨，用“死海海水的浮力为什么这样大呢？”“死海是怎样形成的呢？”这样的提问开头，然后分别围绕问题阐述。多处使用数字说明方法，使文章说理透彻。

### 【例文二】

**朋友，别挑食**

朋友，你挑食吗？也许你因为食物不香，也许你因为肚子很饱，也许你因为饭菜没有很好的色泽而拒绝某些饭菜。但不论怎样，挑食都是不良的习惯。所以，朋友——别挑食，因为每种食物中都有人体不可缺少的营养！

人体所需的营养大致可分为五类：维生素、蛋白质、脂肪、碳水化合物和矿物质。维生素在过去叫做维他命，顾名思义，维生素就是维持生命的元素。维生素的种类很多，已知的已有

20余种,包括维生素A、B、C、D、K等。每个人所需的维生素量很小,但它对人体却发挥着不可替代的作用。人体一旦缺乏了维生素,生长发育就要受到影响,有时还会引起一些疾病。例如缺乏维生素A,会引起儿童发育不良、夜盲症、皮肤粗糙等,这时就要补充一些动物肝脏、鱼类、玉米、萝卜等;缺乏维生素B,就会患脚气病、神经炎、糙皮病等,可吃豆类、蔬菜、肉类;还有我们常说的维生素C,缺少它会得坏血病,抵抗力也会下降,患维生素C缺乏症的人应多吃蔬菜和水果;缺乏维生素D会引起佝偻病、软骨病,应多吃鱼类、蛋类和肉类;还有维生素K,缺乏它会导致出血现象,这时就应多吃绿色蔬菜。

蛋白质是构成人体细胞的基本物质,我们的生长发育,组织更新及提供能量,都少不了它。蛋白质主要来源于鱼类、牛奶、肉类、干果仁、豆类等。

脂肪也是为人体提供能量的物质,一般来说,脂肪只贮存在体内,主要来源于油、蛋、鱼、肉、奶、豆类、芝麻等。

能为人体提供能量的还有碳水化合物,人体的活动所需的能量主要来源于它,它还是构成细胞的一部分。含碳水化合物较多的食物如:面食、米食、马铃薯和糖等。

矿物质在体内的含量不多,但也很重要,常见的如:钙、锌、铁、镁、磷等。这些都是不可缺少的,其中钙、镁、磷是骨骼和牙齿的主要成分。矿物质主要存在于奶类、蛋类、肉类、鱼类、蟹类等中。

总之,人体需要上述多种营养。这些营养都要从食物中摄取。所以要想使自己身体健康,就要听我的忠告:别挑食!

## 生词

| | | | | | |
|---|---|---|---|---|---|
| 1. 挑食 | (动) | tiāoshí | 9. 马铃薯 | (名) | mǎlíngshǔ |
| 2. 色泽 | (名) | sèzé | 10. 锌 | (名) | xīn |
| 3. 顾名思义 | | gù míng sī yì | 11. 镁 | (名) | měi |
| 4. 发挥 | (动) | fāhuī | 12. 磷 | (名) | lín |
| 5. 夜盲症 | (名) | yèmángzhèng | 13. 骨骼 | (名) | gǔgé |
| 6. 粗糙 | (形) | cūcāo | 14. 蟹 | (动) | xiè |
| 7. 蔬菜 | (名) | shūcài | 15. 摄取 | (动) | shèqǔ |
| 8. 贮存 | (动) | zhùcún | 16. 忠告 | (名) | zhōnggào |

## ◎【例文评析】

这是一篇事理说明文。作者先开门见山地提出说明的事理:"朋友,别挑食!"然后介绍了人体需要的五种营养,按分类说明法逐类说明,对这五类营养的来源、缺乏某类营养的害处及补救方法,都进行了综合介绍和分析说明。最后,再次提出忠告:"别挑食!"前后呼应,点明主题。内容比较全面,条理也较清楚,语言通俗易懂。

## 说明文(二)

### 一、事理说明文的概念

事理说明文是说明文的一种,它是阐释事物的本质、事物内部或事物之间的内在联系的一类说明文。说明对象是某个抽象事理,说明目的是使读者明白这个事理。

### 二、事理说明文的写作方法

1. 审题——弄清说明对象。

弄清说明对象,即首先弄清要说明什么样的道理。

2. 立意——确定中心思想。

弄清说明对象之后,就要就立意确定中心思想。确定中心思想时,要注意以下三点。首先,是正确。也就是说,我们解说的事物的本质及规律要有科学的根据,经得起实践的检验。其次,是深刻。深刻是指说明事物要透过现象揭示本质,反映事物内部的规律。要使读者不仅了解事物“是这样的”,而且要明白“为什么是这样的”。第三,是集中。所谓集中就是重点突出,中心明确。

3. 注意说明顺序——逻辑顺序。

按事物内在联系安排材料,进行说明,可以用逻辑顺序。事理说明文是阐述事理的,用逻辑顺序便于说明得清楚明白。阐述比较抽象的自然科学原理,一般要由具体到抽象,由事物的表象分析到事物的本质,因为这符合人们认识事物的规律。在写作时,究竟使用哪种说明顺序,主要是根据说明对象的自身规律和人们认识事物的规律来确定,没有固定的格式。

4. 注意灵活运用多种说明方法。

常用的说明方法不下十余种,我们的作文应该根据行文的需要灵活运用。

5. 条理要清晰,推理要严密。

揭示事物的事理时,需要一定推理过程,这里的推理一定要严密,否则就失去了可信性。

6. 可适当运用一些修辞方法。

既然是说明文,那么有些内容难免有些抽象甚至不容易理解,如果能够巧妙地运用比喻、拟人等修辞手法,则不仅可以使文章生动形象,更能够帮助了解所说明的内容。如:“它们有的像羽毛,轻轻地飘在空中;有的像鱼鳞,一片片整整齐齐地排列着;有的像羊群,来来去去;有的像一床大棉被,严严实实地盖住了天空;还有的像峰峦,像河流,像雄狮,像奔马……”,这段精彩的文字不仅把几种云的特征鲜明地展示在了读者面前,而且为文章增添了文学色彩,使读者在获取知识的同时也得到了美的艺术享受。

另外,在我们写作事理说明文的时候,往往要用到一些科学知识,所以平常要多读书,多积累科学知识,多探索和思考事物的本质特征,如此这般,写出一篇生动的事理说明文也就不是难事了。

## 应用文写作·总结

### 【例文　总结】

#### 2010~2011 年个人工作总结[①]

一学年即将结束，回顾自己本学年里所做的工作，虽说能做到热爱本职工作，认真学习新的教育教学理论，工作中能发扬钻研精神、不怕苦不怕累，但为了能进一步总结经验，以谋求更大的进步，我对自己本学年的工作进行了反思，现总结如下：[②]

一、积极投身党务工作

一年来，在党总支工作中认真踏实，谦虚谨慎，尽心尽力协助书记完成组织上交给的各项任务，积极参与并较好地完成了全年各项工作。除认真完成党员发展转正、主题党日活动、党统工作、党费的收缴等例行工作外，今年重点完成了庆祝建党 90 周年的系列活动，如继续完成上级党总支创先争优的系列工作，及时上报党组织、优秀党员的信息，完成学校各类组织活动的策划、组织工作，完成各类计划、总结、方案、报告等的撰写或修改工作（粗略统计，一年撰写各类稿件 64 篇），协助书记搭建、完善党员学习网，完善外网的党建专栏，为一校多址环境下党员学习的开展提供了平台。

党务工作政策性强、时效性强、理论性强，由于经验不足，工作节奏紧张，在繁杂紧迫、应接不暇的工作压力下，也会有手忙脚乱、工作不到位的时候，但我能积极面对困难和问题，在书记的悉心指导下，我学会了“积极想、主动问；态度谦虚、工作细致、寻求帮助、竭尽全力”的工作方法。为了更好开展党务工作，我还十分注重党建理论的学习，并注重与实际相结合。

二、巩固宣传阵地、拓展宣传战场

担任宣传工作之初，我便首先结合学校的宣传现状，从宣传方针的确立到信息员的培养计划，从新闻视角的选取到新闻稿件的写作要求、时效性等方面进行认真地分析和实践。经过几年的努力以及与各部门信息员的相处与磨合，学校的新闻宣传工作有了较大起色。目前已形成一支较为稳定、干劲十足、敏感度强、视角独特、剖析深刻的宣传员队伍，为学校新闻事业的发展奠定了人员基础。在全体宣传员的共同努力和积极配合下，学校的新闻宣传阵地扩大了，新闻宣传的意识提升了，新闻宣传的广度和深度拓展了。现在的学校新闻已能够及时反映学校的教育工作动态，能够及时将上级政策与全局工作实际有机结合，具有较强的指导性、可读性和时效性，并且得到学校广大教师的肯定。

在保证质量的前提下，新闻稿件的产量也逐年增加。刊发新闻量从 2008 年的 175 篇上升为 2010 年的 212 篇，其中自己撰稿 41 篇。与此同时，我积极联络各类宣传机构和部门，做好重大新闻的报导宣传工作。东城教委领导的案头读物《东教信息》一年采稿 13 篇，保证了上级部门每月都能了解学校动态。北京电视台、《中国青年报》、《中国日报网》、《北京日报》、《北京青年报》、《北京晨报》、《北京信报》、《劳动午报》、《现代教育报》、《北京考试报》、《竞报》、《今日东城》等媒体定期对学校进行宣传报道，2010 年全年报导 37 次。“常见、常新”，保证了首都市民对东城职大的高知晓度。总之，在全体宣传员的共同努力下，学校的新闻宣传工作取得了较好成效，学校被评为东城区教育系统政务信息工作先进集体，我也被评为东城区教育系统政务信息工作先进个人。

今年在党务宣传工作中的总体体会是，上级下发的任务多、要求急。从 2010 年 9 月至今，共接受教工委组织部、宣传部、统战部通知 134 篇，占全年学校接收通知的 26.07%；其中最多一月占学校接收通知总数的 52.63%。在领导的指导和同志们的帮助下，在自己的统筹兼顾、认真负责下，均合格完成任务。

三、其他重点工作

1. 校庆工作：2010 年 10 月学校迎来 30 周年校庆。为完成校庆筹备工作，在党总支、校行政的领导下，我先后参与了校庆宣传片文案设计、校庆画册文案设计、校庆展板文案设计的工作。几十个日日夜夜，既是筹备更是对自我的锻炼与检验。通过此次历练，我对自己的工作有了更深的体会，对自己的工作能力、工作技巧有了更深的把握和认识，更对学校的历史有了更深的了解。

2.修志工作：2010 年年底，在东城区教育系统第二轮志书编纂工作中，我担任了学校 20 年修志工作的主笔人，负责学校 20 年志书卡片的搜集、整理、编纂和长编的编写工作。在学校领导和各部门的大力支持下，经过上学期和一个寒假的搜集、整理，目前已整理完成修志卡片 428 张，基本完成第一阶段的任务。③

四、不足之处

1. 对待工作的态度还不够端正，对一些例行工作、成效甚微的任务有马虎应付情绪，没有发挥主动性将其做精做细。

2. 考虑问题不全面，独立工作的本领不强，无形之中给别人工作增加了负担。

3. 工作缺乏系统性、条理性，效率不高，眉毛胡子一把抓，没有养成做工作记录的习惯。④

回顾过去的一学年，有过开心、激动，也有过失落和沮丧，然而最快乐的事，莫过于看到自己的成长。一年来，每一点每一滴的进步都离不开领导的关怀、同事的帮助和支持，是他们给予我无私的指引和温暖，像一盏盏路灯照亮了前方，使我从最初业务上的门外汉渐渐成为一名合格的员工。同时我也深深感到，今年的工作环境与往年大不相同：要求越来越严，标准越来越高，压力越来越大，所以自己只有用更积极的态度、更饱满的热情、更创新的思想来对待自己的工作，用心去工作，在看似枯燥繁杂的工作中去寻找“亮点”。因此，在今后的工作中，自己要努力做到高标准，严要求，积极主动，卓有成效，创造性地开展工作。⑤

刘钢⑥

2011 年 7 月 13 日⑦

**【注释】**

① 标题　② 导语（前言）　③ 主要的工作和成绩　④ 不足之处

⑤ 结束语　⑥ 署名　⑦ 日期

**◎【例文评析】**

本文是一篇在学校负责党务和宣传工作的个人工作总结。总结开头先对一年的工作进行了一个总的回顾和评价，然后从党务工作、宣传工作、其他重点工作三方面分别进行了阐述和总结，最后总结了工作中的不足之处，并提出了今后的努力方向。全文采用了横式结构，条理清晰，语言流畅。

# 总结

## 一、总结的概念

总结是单位或个人对过去一个时期内的实践活动做出系统的回顾归纳、分析评价，从中得出规律性认识，用以指导今后工作的事务性文书。

总结也有各种别称，如自查性质的评估及汇报、回顾、小结等都具总结的性质。

## 二、总结的特点和种类

### （一）总结的特点

1. 针对性

总结必须对本单位、本部门或本人的工作实际进行检查回顾和评价，并提出适合本单位或本人的未来努力方向。

2. 客观性

总结必须注重内容的客观性，以客观发生和存在的事实为分析研究的基础，保证事实确凿无误。

3. 理论指导性

总结必须用科学的分析方法，提炼归纳出规律性的东西，用以指导今后的实际工作。

### （二）总结的分类

总结从性质、内容、范围、时间等角度可划分出不同的类型。

1. 按性质分，有综合总结和专题总结两种。

2. 按内容分，有学习总结、工作总结、思想总结、科研总结、项目总结等。

3. 按范围分，有地区总结、行业总结、单位总结、班组总结、个人总结等。

4. 按时间分，有年度总结、半年总结、季度总结、月份总结等。

## 三、总结的写作格式

总结一般由标题、正文、署名和日期构成。

1. 标题

总结的标题有三种形式，最常见的是由单位名称、时间、主要内容和文种组成，如“××市财政局2009年工作总结”。有的总结标题中不出现单位名称，如“2009年教学工作总结”。

有的总结标题只是内容的概括，并不标明“总结”字样，但一看内容就知道是总结，如“技术改造是振兴企业之路”。

还有的总结采用双标题。正标题点明文章的主旨或重心，副标题具体说明文章的内容和文种，如“构建农民进入市场的新机制——运城麦棉产区发展农村经济的实践与总结”。

2. 正文

总结的正文可分为开头、主体、结尾三部分。

开头一般介绍工作背景、基本概况等，也可交待总结主旨并作出基本评价 。开头力求简洁，开宗明义。

主体应包括主要工作内容、成绩及评价、经验和体会、问题或教训等。这些内容是总结的核心部分,可按纵式或横式结构形式撰写。所谓纵式结构,即主体内容按所做的工作、方法、成绩、经验、教训等逐层展开。所谓横式结构,即按材料的逻辑关系将其分成若干部分,逐一写来。

结尾作为总结的结束语可以归纳呼应主题、指出努力方向、提出改进意见或表示决心、信心等,要求简短利索。

3. 署名和日期

一般在正文右下方署上姓名和日期。如果是报刊杂志或简报刊用的交流经验的专题总结,应在标题下方居中署名。

**四、总结写作的注意事项**

1. 实事求是,一分为二。

写总结必须从实际出发,实事求是地反映客观情况;同时也应该坚持一分为二的观点,既肯定成绩,也指出缺点和不足。

2. 点面结合,抓住重点。

不论何种总结,都应有较为系统全面的回顾和评价,又有典型事例或突出经验的详细介绍与分析。或以成绩为主,注意总结经验;或以问题为主,侧重提供教训。切忌面面俱到。

3.突出个性,注重特色。

任何单位、个人都有自己的特点。对生活进行独到的观察、理解,抓住本单位最突出、最能反映客观事物本质的特点,就能写出具有个性特色的总结。

## 课堂练习

### 训练一　写作

春天到了,全国各地出现了几次“沙尘暴”天气,为此,上级号召大量种植树木,请以“植树造林好处多”为题写一篇说明文,阐述植树的好处。可以参考以下词语和句子:

绿化祖国　可以保持水土　有利于农作物的生长　防风固沙　降低风速　改善气候　净化空气　美化环境　增加空气中的含氧量　提供各种果实和木材　造福子孙

### 训练二

**1. 病文修改**

请根据所学知识,指出下列总结的不足之处,并进行修改。

计算机专业毕业实习总结

2010 年 7 月,我结束了 16 年的学习生涯,怀揣着实现自我价值的渴望,来到新能源公司工作。转眼间,一年的实习期即将结束,下面我简要总结一下自己这段时间的经历与收获:

单位给我的工作定位是从事网络部基础工作以及一些网站建设、网络程序开发等,在此思想的指导下,我承担了园区网络维护等基础工作,包括线路检修、交换设备更换、新用户入户等工作,并很快掌握了其中的原理和方法,从学校的理论知识到过去一年的实践工作,其中的角色转变离不开单位各级领导以及同事们的帮助和指导。

在网站建设方面，我和大家共同进行了新网站的改造，使用全新的后台，使×××网站的功能更加强大，管理更加有条理和方便。取得了不错的社会效应。

此外，我还积极参加单位组织的各种活动，包括保龄球、乒乓球、羽毛球比赛，并代表新能源队参加总公司的篮球比赛。参加公司的各项文艺活动等。

经过过去一年的实践，我对未来充满了期待，在未来的日子，我将努力做到以下几点：

一、继续学习，不断提升理论素养。

在信息时代，学习是不断地汲取新信息，获得事业进步的动力。作为一名年轻同志更应该把学习作为保持工作积极性的重要途径。走上工作岗位后，我将积极响应单位号召，结合工作实际，不断学习理论、业务知识和社会知识，用先进的理论武装头脑，用精良的业务知识提升能力，以广博的社会知识拓展视野。

二、努力实践，自觉进行角色转换。

“理论是灰色的，生活之树常青”，只有将理论付诸实践才能实现理论自身的价值，也只有将理论付诸实践才能使理论得以检验。同样，一个人的价值也是通过实践活动来实现的，也只有通过实践才能锻炼人的品质，彰显人的意志。从学校走向社会，首先要面临的问题便是角色转换的问题。从一个学生转化为一个单位人，在思想的层面上，必须认识到二者的社会角色之间存在着较大的差异。学生时代只是单纯的学习知识，而社会实践则意味着继续学习，并将知识应用于实践，学生时代可以自己选择交往的对象，而社会人则更多地被他人所选择。诸此种种的差异，不胜枚举。但仅仅在思想的层面上认识到这一点还是不够的，还必须在实际的工作和生活中潜心体会，并自觉地进行这种角色的转换。

三、提高工作的积极性和主动性。

一年的实习期很快过去了，是结束也是开端。展现在自己面前的是一片任自己驰骋的沃土，我感受到了沉甸甸的责任。在今后的工作和生活中，我将继续学习，深入实践，不断提升自我，努力创造业绩，继续为中心创造更多的价值。

最后感谢单位领导和部门领导以及同事对我的支持和帮助，我会继续努力的。

2011 年 5 月 26 日

**2. 情景模拟**

回顾入学以来自己在思想、学习和社会实践等方面的收获，写一篇总结。

**写作指导：**

（1）首先总体上概括一下你入学以来的进步与收获。

（2）将总结的内容分成几个方面，然后一一进行总结。

（3）最后找出自己的不足，指出今后努力的方向。

## 课后练习

### 一、思考题

1. 事物说明文和事理说明文有什么不同点和相同点？

2. 总结的特点是什么？请举例说明。

3. 简述总结的写作步骤和写作格式。

## 二、综合练习题

1\. 下面句子中有 A、B、C、D 四个带下画线的词语，去掉其中某一个词语会使句子变成病句。请找出这个不能删去的词语，在指定的位置上填写代表正确答案的字母。

（　　）（1）要休暑假了，很想出去走走，于是选了一个自己觉得不错的目的地，并向朋友征求了一下意见。
A　B　C　D

（　　）（2）清明正是这样一个把人从浮躁、浅薄的生活表面剔除出来的重要节日。
A　B　C　D

（　　）（3）乌云听了太阳的话，开始敞开心扉，接纳一缕缕温暖而透明的阳光。
A　B　C　D

（　　）（4）假如你能够在别人指出错误之前先承认自己的错误，十之八九会得到别人的谅解和宽恕。
A　B　C　D

（　　）（5）每次将衣服塞进洗衣机前，我都会习惯性地翻翻衣服的口袋。
A　B　C　D

（　　）（6）每年举办阅兵仪式，是一项浩大的工程。
A　B　C　D

（　　）（7）德国宝马公司宣布，该公司研制出一种新型节能汽车。
A　B　C　D

（　　）（8）壁虎能在光滑的地面上行走自如，甚至能站在天花板上。
A　B　C　D

（　　）（9）神经学家认为，当大脑试图同时做很多事情的时候，就很容易发生错觉。
A　B　C　D

（　　）（10）美军空军发言人理查德·约翰逊 3 月 5 日向媒体宣布了“猛禽”（美军最先进的战斗机）失事的消息。
A　B　C　D

2\. 在每组 A、B、C、D 四个句子中，只有一个是正确的，请找出这个句子，在指定的位置上填写代表正确答案的字母。

（　　）（1）A. 弗朗斯·哈尔斯是荷兰杰出的肖像画家。
B. 于是我开始打开了电暖器。
C. 我始终认为作为一名学生应该以学习为第一的。
D. 尽管任务十分艰巨，可是我们仍然提前实现了。

（　　）（2）A. 新疆气候较为干燥，而且风也较大。
B. 我母亲待人最仁慈、温和。
C. 言行不一致的人，是一种很坏的作风。
D. 时间那么紧，内容那么多，我不能复习完。

(　　)(3) A. 进入1990年代，祖父的健康大不如以前。
B. 她即使岁数大了点儿，但是身体还很结实。
C. 他又开始给自己定下了新的目标。
D. 如果一篇作品的思想有问题，那么文字再美也要不得。

(　　)(4) A. 我非常欣赏目前这支年轻的中国女子体操队。
B. 我非常欣赏这支女子年轻的目前中国体操队。
C. 我非常欣赏年轻的女子这支中国目前体操队。
D. 我非常欣赏中国体操队目前这支年轻的女子。

(　　)(5) A. 反正我已经通知开会他了，至于他参加不参加，我就不知道了。
B. 反正我已经通知他开会了，至于他参加不参加，我就不知道了。
C. 反正已经开会了我通知他，至于他参加不参加，我就不知道了。
D. 反正已经我通知了他开会，至于他参加不参加，我就不知道了。

3. 修改病句。

(1) 她戴着鲜艳的红领巾和雪白的衬衣。

______________________________。

(2) 我要是来晚了，就你替我请一会儿假。

______________________________。

(3) 同学们一定要遵守交通规则，防止不要发生事故。

______________________________。

(4) 虽然你学习再好，但是没有骄傲的理由。

______________________________。

(5) 她把那篇论文翻译西班牙文了。

______________________________。

4. 连句成段。

A. 此外，雪还能增强土壤肥力。据测定，每1升雪水里，约含氮化物7.5克。雪水渗入土壤，就等于施了一次氮肥。用雪水喂养家畜家禽、灌溉庄稼都可收到明显的效益。

B. 雪对人有利也有害，在三四月份的仲春季节，如突然因寒潮侵袭而下了大雪，就会造成冻寒。所以农谚说："腊雪是宝，春雪不好。"

C. 雪的作用很广，而且雪对人类有很大的好处。

D. 首先，雪有利于农作物的生长发育。因为雪的导热本领很差，土壤表面盖上一层雪被，可以减少土壤热量的外传，阻挡雪面上寒气的侵入。所以，受雪保护的庄稼可安全越冬。积雪还能为农作物储蓄水分。

正确顺序：______________

## 三、能力训练题

1. 以“如何培养学生学习汉语的兴趣”为题写一篇事理说明文。要从多方面谈谈培养学生学习汉语兴趣的方法,条理要清楚。字数在300~500字。

2. 自拟题目,写一篇你亲自参加或主持某活动的总结。

以下材料可供参考:

(1)“一二·九”全校文艺汇演节目主持人。

(2)迎元旦班级联欢会总负责人。

(3)民族团结演讲比赛参赛者。

**目标篇**

① 一个人只要找到他在生活中的位置,无论这是出于对自己有利还是出于服从命令,我相信为了荣誉,他会正视危险,不惜付出生命和一切。 ——(古希腊)苏格拉底

② 你要指点四周风景,首先你要爬上屋顶。 ——(德)歌德

③ 而你只有献身于社会,才能找到那短暂而有风险的生命的意义。 ——(美)爱因斯坦

④ 兵不离阵,车不离站;道士、和尚不离寺院。 ——谚语

⑤ 虎离山无威,鱼离水难活。 ——谚语

⑥ 骏马饱后仍回到木桩上,高空飞翔的鹰仍落在石崖上。 ——柯尔克孜谚语

⑦ 一个人追求的目标越高,他的才能就发展得越快,对社会就越有益,我确信这也是一个真理。 ——(苏)高尔基

⑧ 我爱过去,而且敬佩它,可是我希望未来超越过去。它能超过的,它一定要超过…… ——(法)罗曼·罗兰

# 第十六课

## 学习提示

**学习目标**：掌握议论文的构成要素、论证方法、议论文的结构和语言；了解毕业论文的概念和要求，掌握毕业论文的选题、资料收集的方法和毕业论文格式。

**学习重点**：议论文的三要素；毕业论文的写作方法。

## 一般文体写作·议论文

### 【例文】

**保持好奇　发展兴趣**

所谓“好奇”，就是对自己所不了解的事物觉得新奇而感兴趣。一个人如果能够始终保持他的好奇心，发展他的兴趣，那么，他必将成为学有所成、业有益事的人。这是因为：

好奇和兴趣可以使人深入思考、专心致志。人们常说：“没有好奇，就没有专注；没有兴趣，就没有收获。”此话很有见地。学习是个运用脑力、体力的复杂劳动过程，它需要求学的人全身心地投入。学习经验表明：只有对某一事物好奇，才能在兴趣中浑然忘我、如痴如醉，全神贯注于某一学习对象。才能在“咬定青山不放松”中获取“青山”的宝藏。

好奇和兴趣可以使人以苦为乐，克难制胜。培根曾说：“知识是一种快乐，而好奇则是知识的萌芽。”在好奇和兴趣中学习，不但不会觉得学习是一种又苦又累的负担，反而会感到精力充沛，是一种精神上的收获和享乐，从而变“要我学”为“我要学”，以苦为乐，苦中求乐，苦中得乐，克难制胜。

好奇和兴趣可以使人主动进取，尽志索求。“兴趣和爱好是最大的动力”，爱因斯坦的话实在是经验之谈。如果对所学的内容好奇、感兴趣，那么，就会产生源源不断的学习动力，使学习者始终保持对知识堡垒主动进攻的优势，同时也最大限度地激发出理解力、记忆力，发挥大脑的内在潜力。事实表明：学习有动力，就能学有所成，习有所得。

上述内容从道理上说明了好奇和兴趣的作用，其实，因好奇和兴趣取得成功的事例更是不胜枚举。张衡所以成为科学家，徐霞客所以成为地理学家，牛顿所以成为物理学家，爱迪生所以成为大发明家……哪一位不是得益于他们的好奇和兴趣呢？

同学们！让我们从身边的小事开始，从学习汉语开始，从学习我们的专业开始，保持好奇，发展兴趣，尽最大努力做好我们的每一件事。

## 生词

| | | |
|---|---|---|
| 1. 好奇 | （形） | hàoqí |
| 2. 所谓 | （动） | suǒwèi |
| 3. 学有所成 | | xué yǒu suǒ chéng |
| 4. 专心致志 | | zhuān xīn zhì zhì |
| 5. 专注 | （形） | zhuānzhù |
| 6. 见地 | （名） | jiàndì |
| 7. 投入 | （动） | tóurù |
| 8. 浑然 | （形） | húnrán |
| 9. 如痴如醉 | | rú chī rú zuì |
| 10. 全神贯注 | | quán shén guàn zhù |
| 11. 以苦为乐 | | yǐ kǔ wéi lè |
| 12. 萌芽 | （名） | méngyá |
| 13. 苦中求乐 | | kǔ zhōng qiú lè |
| 14. 苦中得乐 | | kǔ zhōng dé lè |
| 15. 进取 | （动） | jìnqǔ |
| 16. 尽志索求 | | jìn zhì suǒ qiú |
| 17. 源源不断 | | yuányuán bú duàn |
| 18. 堡垒 | （名） | bǎolěi |
| 19. 激发 | （动） | jīfā |
| 20. 潜力 | （名） | qiánlì |
| 21. 不胜枚举 | | bú shèng méi jǔ |
| 22. 得益于 | | déyìyú |

◎【例文评析】

这是一篇短小的说理文章。文章开篇通过解释题目的含义起笔，提出了“一个人如果能够始终保持他的好奇心，发展他的兴趣，那么，他必将成为学有所成、业有益事的人”这个总论点，然后用了“好奇和兴趣可以使人深入思考、专心致志”“好奇和兴趣可以使人以苦为乐，克难制胜”“好奇和兴趣可以使人主动进取，尽志索求”这三个分论点，多侧面、多层次地论证了总论点，论证全面、充分，有说服力。文章的论证方法多样，既有引证，如引用了培根和爱因斯坦的名言，也有例证，如全文最后一段，列举了古今中外许多卓有成就的大家，论证了好奇和兴趣对事业成功的重要性。最后总结全文，强化中心、提出号召，从而做到首尾呼应。

## 议论文

### 一、议论文的概念和分类

1. 议论文的概念

议论文是以议论为主要表达方式，对某个问题或某件事通过摆事实、讲道理直接阐明自己的观点、立场、态度、看法和主张的一种文体。

2. 议论文的分类

议论文的种类很多，可以按照不同的标准来划分。

根据说理的方式的不同，议论文可以分为以立论为主的议论文和以驳论为主的议论文。

以立论为主的论文，是从正面阐述、论证对某个问题的看法、见解或主张，用充分的事实和道理来证明自己的观点是正确的。

以驳论为主的论文，是用事实或道理反驳对方的言论，证明它是错的，从而表明作者对这一问题的正确看法。

## 二、议论文的构成要素

议论文包括论点、论据和论证三要素。

### （一）论点

论点就是文章所要议论、阐述的观点，是作者要表达的看法和主张。

（1）论点的数量：一篇议论文的论点，可以是一个，也可以是多个。如果论点不止一个，那就需要明确中心论点，其他几个论点可以是并列的，也可以是递进的，但它们都应该服从全文的中心论点。

（2）论点的位置：文章的论点可以安排在开头，也可以安排在文章的中间或结尾。但较多情况是在文章的开头，段落论点也是如此。

（3）论点的呈现方式：有的议论文的论点在文章中用明确的语句表述出来，我们只要把它们找出来即可；有的则没有用明确的语句直接表述出来，需要读者自己去提取、概括。

（4）论点的提出和确立要注意以下几点：

① 正确。论点正确是议论文的最起码的要求。

② 鲜明。赞成什么、反对什么，要非常鲜明，而不能模棱两可，含混不清。

③ 严密。论点的表述必须周密严谨，不能漏洞百出，给别人可乘之机。

### （二）论据

（1）什么是论据：论据就是证明论点的材料、依据。

（2）论据的类型：①事实的材料；②理论的材料。

作为论据的事实材料，可以是具体的事例，也可以是概括的事实，还可以是统计数字之类。

作为论据的理论材料，可以是前人经过实践证明了的至理名言、民间的谚语和俗语，也可以是科学上的公理、规律等等。

（3）使用论据的要求：①确凿性。我们必须选择那些确凿的、典型的事实。引用经过实践检验的理论材料作为论据时，必须注意所引理论本身的精确含义。②典型性。引用的事例应该具有广泛的代表性，代表这一类事物的普遍特点和一般性质。③论据与论点的统一。论据是为了证明论点的，因此，两者应该联系紧密，保持一致。

### （三）论证

（1）什么是论证：论证就是用“论据”来证明“论点”的过程。议论文的论点是解决“要证明什么”，论据是解决“用什么来证明”，而论证是解决“如何进行论证”的问题。论证的目的在于揭示出“论点”和“论据”之间的内在逻辑关系。

（2）论证的类型：议论文的论证一般分为立论和驳论两大类型。

（3）基本的论证方法包括：归纳法、演绎法、例证法、类比法、对比法等。

## 三、议论文的结构和语言

### （一）议论文的结构

议论文的结构是将论点与论据按照一定的论证方法有机地组合成一篇文章的表现形式，根据议论文以理服人的特征，它的结构形式一般包括开头部分的引论、主体展开部分的本论和结尾部分的结论三个组成部分。

1. 引论

引论的形式多种多样，它的作用是开宗明义、提纲挈领，因此要写得简明扼要。

引论中常提示以下几方面的内容：

（1）文章的中心论点；

（2）议论的范围或方向，即这篇议论文的论题；

（3）议论的目的、背景等有关情况；

（4）与论文相关的一些不同观点。

2. 本论

本论是议论说理的展开部分，围绕中心论点的各个分论点、有关的事实论据或理论论据以及各种论证方法，在这个部分组成了有机的整体。议论文的主体结构形式主要有：并列式、层进式、对照式等。

3. 结论

结论部分是对全文说理论证的归纳、总结，应当鲜明有力。

议论文结构的三部分内容体现了议论文写作的基本思路：提出问题——分析问题——解决问题，它们分别回答的是“是什么”“为什么”和“怎么办”的问题。

**（二）议论文的语言**

议论文要做到以理服人，讲究严密的逻辑性，在语言表达上要体现以下几个特点：

（1）准确严密。

（2）概括有力。

（3）鲜明生动。

## 应用文写作·毕业论文

**【例文】 略**

## 毕业论文

### 一、毕业论文概念和要求

**（一）毕业论文的概念**

毕业论文是大学生综合运用已学知识表述理论创造或表述分析的一种应用文。

毕业论文对学生具有考查作用。由于学历层次的不同，考查要求的程度也不同。如硕士和博士，其论文就是学术论文，要求具有独创性；而大专和本科生，主要考查的是对已学理论的应用。

### (二) 毕业论文的要求

毕业论文本质上属于学术论文,其要求与学术论文大体相同。其特殊之处有以下三点:

1. 综合考查对已学知识的应用能力

(1)考查运用已学专业知识分析问题、解决问题的能力;

(2)考查查询专业资料(中文资料和外文资料)的能力;

(3)考查运用计算机分析和处理数据的能力;

(4)考查语言(中文和外文)的表达能力和文章的撰写能力。

2. 培养科学工作的素质,要求详细阐述课题研究过程,体现该课题的科研方法。

3. 培养创新意识,要求学生的选题具有创新性、实践性。

## 二、毕业论文的写作

### (一) 毕业论文的写作步骤

完成一篇毕业论文大约需要经过如下步骤:

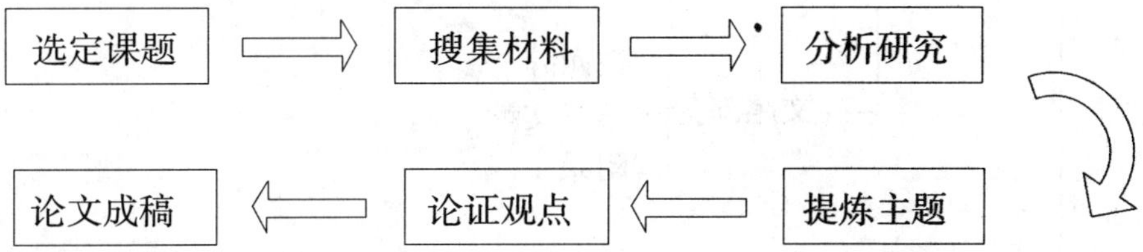


1. 选题就是确定论文题目。选题在一定程度上决定了毕业论文的研究目标和方向,也决定了研究的价值和成败。选题的方法很多,常见的选题方法有阅读捕捉法、设想验证法、实践挖掘法和指导老师给定题目等。

2. 确定毕业论文的题目之后,就要根据所选课题,通过各种途径和方法,积累和占有一切与课题有关的资料。选材包括材料的搜集、选取、整理等几个环节。一篇五千字左右的论文,可能要搜集十多万字的资料。材料是构成文章的要素,拥有丰富的材料是产生或表现主题的基础。

3. 拟定论文提纲。收集整理好材料后,就要根据材料确定论文的写作提纲,即把论文的整体框架、段落安排、各段的分论点及内容等列出来,明确论文的写作思路,为进一步组织材料和撰写作准备。

4. 撰写及修改。准备工作都做好后,就可以按照拟定的论点和提纲组织材料,进行撰写了。论文的写作要周密论证,并反复修改,论点鲜明正确,说理全面透彻,逻辑严密完整,文辞准确生动,结构严谨。

### （二）毕业论文的写作格式

毕业论文主要由以下几部分构成：

- 毕业论文
  - 封面：标题、单位名称（专业名称、班级）、姓名、指导老师、完成时间
  - 目录
  - 正文
    - 前置部分
      - 标题
      - 内容摘要
      - 关键词
    - 主体部分
      - 绪论
      - 本论
      - 结论
    - 文尾部分
      - 致谢辞
      - 参考文献
      - 附录
  - 封底

1. 目录

即论文的篇章名目。为了给读者提供阅读上的便利，在正文的前面一般安排目录。目录中的一次目录、二次目录的前面按写作顺序标上序码，标清毕业论文的构成部分的名称和正文中的小标题，同时在后面标明具体页码。

2. 标题

标题写在论文首页上方正中位置，以最恰当、最简明的词语对论文进行高度概括，是论文精髓的集中体现。

3. 内容摘要

内容摘要又称提要或概要，是对论文基本内容的浓缩，是论文不加注释和评论的简短陈述。要求短小精悍、意思完整、忠于原文。即不阅读论文全文，就能获得必要的信息。字数少可几十字，多不超过三百字。

4. 关键词

关键词是从论文的题目、摘要和正文中提取出来，用3~5个词语对论文的主要内容加以概括，便于电脑储存和检索。

5. 主体部分

这一部分是全篇论文的核心所在。一般包括绪论、本论和结论三个部分。

（1）绪论首先是陈述写此论文的理由和意义，接着提出本篇论文需要解决的问题。

（2）本论部分是论文的核心部分，占主要篇幅，其主要作用是要对论题进行全面深入的

分析论证,详细论述作者的观点和主张。一般可分为实验型和理论型两种。实验型毕业论文的本论部分,一般包括理论分析、实验方法(试验装置和测试方法)、对实验或实验结果的分析。理论型毕业论文的本论部分,一般包含论点、论据和论证三个部分。

(3) 结论是本论部分阐述的必然结果,是整篇论文结果的总判断、总评价,要有高度的概括性、科学性和逻辑性。论文可以在结论或讨论中提出建议、设想、改进意见及尚待解决的问题等。

6. 致谢辞

致谢辞,一般放在正文的最后,主要是感谢对论文写作有帮助的人,要求言辞恳切恰当、实事求是。常用"深表谢意"或"特此致谢"等用语来表达。

7. 参考文献

一篇论文的参考文献是在研究和写作中参考或引证的主要文献资料,一般列于论文的末尾。参考文献应另起一页。所列文献资料应是正式出版的,包括书籍、杂志、专刊文献等。文献资料应按文中引用的先后次序列出,应详细写出文献名称、作者、出版者、出版时间及版次等。

8. 附录

凡是不适合放入论文而又有必要说明的材料均可列在附录里。如实验的数据、图表、操作示意流程等。

**(三) 毕业论文的写作要求**

1. 理论联系实际

撰写毕业论文必须坚持理论联系实际的原则。

2. 立论要科学,观点要创新

文章的基本观点必须是从具体材料的分析研究中产生出来的,而不是主观臆想出来的。判断一篇论文有无价值及价值大小,首先看文章观点和内容的科学性如何。其次是文章的创新性,一般来说,就是要求不能简单地重复前人的观点,必须有自己的独特见解。

3. 论据要翔实,论证要严密

一篇优秀的毕业论文不仅要有一个好的主题和观点,它还必须要有充分、翔实的论据材料作支撑。毕业论文要求作者所提出的观点、见解是属于自己的,而要使自己的观点能够得到别人的承认,就必须有大量的、充分的、有说服力的理由来证明自己的观点正确。论证是用论据证明自己观点的方法和过程。论证要严密、富有逻辑性,经得起推敲和验证,这样才能使文章具有说服力。

4. 语言要准确、简洁

标点正确、语言通顺是论文最基本的写作要求。此外,论文的语言还要准确、简洁,把观点、道理说清楚即可,不要使用过多的、复杂的修饰语。

## 课堂练习

### 训练一　写作

就班里最近发生的一件事发表自己的看法,可用"对××的看法"、"由××想到的"、"小事不小"等作为题目。

**写作提示：**

1. 选取议论的事件和对象不宜太多太繁，以贴近自己学习、生活、思想实际的小事为好。

2. 可以对模糊认识进行分析，可以对不良现象进行批评，可以对好的事物进行表扬，也可以从正反、优劣、得失方面辩证地看待一件事物。

3. 按“提出问题、分析问题、解决问题”的顺序进行写作。要对事件进行入情入理的分析，要挖掘、引申出事件的意义，要剖析事件的含义，避免就事论事，使读者能从个别的事件中看到普遍适用的道理。

## 训练二

下面是一篇小论文，请根据所学知识完成下列问题。

### 正确使用量词

重庆三峡医药高专　陈琰

量词是表示计算单位的词。我们现代汉语中的量词可谓丰富多彩、精妙传神，如人的五官肢体都可以充当量词：看一眼，踢一脚，一口气，一鼻子灰，一臂之力，一脸孩子气等。如此生动形象的量词，若能正确使用的话，对文章的表达有重要的作用。但学生往往只注意名词、动词或形容词，却不大注意正确使用量词。

那么怎样才能使学生正确运用量词呢？这就要他们好好儿认识一下丰富多彩的量词。现代汉语的量词除了计量外，还有特殊的表达作用。

一、量词可表达不同事物的特征

量词在文章中能准确细腻地表达作者的意愿，能描写出生动传神的景物。如朱自清《荷塘月色》中的“一粒粒的明珠”、“一道凝碧的波痕”、“一层淡淡的云”、“一丝颤动”、“几段空隙”、“一带远山”、“一两点路灯光”，这些量词活生生地展现了清华园荷塘月色美景图。我们在阅读时注意到这些量词的存在了吗？如果去掉这些量词，会有这样生动的效果吗？请再看看下面的量词：

一头牛、一只鸡、一棵树、一尾鱼、一片叶、一朵花、一堵墙、一扇门、一张纸、一方砚、一锭墨……

仔细体会，这些量词除有计量作用之外，还表现出了所指事物的不同特征。

用“头”计量，可以显示出事物具有体态粗壮、性情憨实的特征。它往往用来计量牛及较肥大的羊等家畜，而体型较小，动作灵活的鸡、兔、狗、小羊等就用“只”。

用“张”计量，通常显示了事物具有平面的特征。如“一张报纸”、“一张布告”、“一张老脸”。

用“条”计量，往往显示了事物具有长条形的特征。如“一条街道”、“一条裤子”、“一条毛巾”。

用“颗”计量，常显示事物具有圆形或粒状的特征。如“一颗脑袋”、“一颗心”、“一颗珍珠”。

虽然有些量词和事物之间没有必然的特征联系，但大多数量词都不同程度地反映某一事物的特征。注意到这一点，恰当地使用，就能充分发挥量词的表达作用。

二、选用不同的量词可显示同类事物间的差别

量词除了能反映不同事物的特征外，还能显现同类事物间的细小差别，使表达更为精准。

“一块肉”与“一片肉”有厚与薄之分。

“一盆水”与“一碗水”有容量多少之别。

“一堆泥”与“一滩泥”有干湿程度之异。

“一尾鱼”与“一条鱼”有静动不同之感。

“看一遍”与“看一眼”有详略、久暂之不同。

“一丝云”形容云的纤细如缕;“一片云”形容云的舒展成片;“一朵云”形容云的形状如花朵;“一坨云”形容云层厚而浓并成堆状。

“一帮人”与“一群人”在感情色上是有差别的。说“一帮人”有时指无目的的结伙作恶的人,显然有厌恶贬责之意,而后者无所好恶。

“一枚奖章”与“一个奖章”,语体风格不一样。前者多用于书面语,郑重、严肃;后者多用于口语,通俗。

三、正确使用量词能传神地表达事物的特殊情态

量词有专用的,如度量衡单位以及“次、回、趟、顿、阵、番、遭、下、遍”等。还有不少是临时借用其他词来充当的,当名词或动词临时充当量词时,能简洁明快、传神地展示某些事物,特别是抽象事物的特殊情态,使之具有形象性。我们看看下面的例子。

你会产生一脉悠久的情思。(刘湛秋《雨的四季》)

这里的“脉”给人的感觉就是一直不断的、相承的、由远到近或由近到远的情感。

甚而至于剥落成扭曲的片状,仍不忘耗尽最后一丝骨血,奉献于世界。(刘成章《扛椽树》)

“丝”,很少一点儿。这里表达了陕北的“柳”不论经过多少风雨,始终保持着它那顽强的奉献精神。

“一线希望”,用“线”表明希望不大,似有若无,但还有一点儿渴盼。

“一腔热血”,全身鲜血都在沸腾,一个“腔”字,颇有喷发而出之势。

“一肚子牢骚”表示极言不满的情绪充斥了内心。

以上论述表明,量词的修辞色彩是多种多样的,它能具体形象地表示事物的特征,能生动地描绘事物的特殊情态,能简洁明快地表达人的不同感情色彩。选用恰当,就可以使文章亮丽而多彩。

(选自《语文学习》2008 年第 11 期)

(1) 写出本文的内容摘要和关键词。

(2) 根据论文的基本写作格式,此篇小论文还缺少什么?请指出。

(3) 这篇论文的题目是否合适?你能否根据内容再给出一个更好的题目。

## 课后练习

### 一、思考题

1. 议论文的三要素是什么?
2. 议论文的论证方法主要有几种?请举例说明。
3. 简述毕业论文的写作步骤、写作格式和写作要求。

## 二、综合练习题

1. 下面句子中有A、B、C、D四个带下画线的词语，去掉其中某一个词语会使句子变成病句。请找出这个不能删去的词语，在指定的位置上填写代表正确答案的字母。

(　　)(1) 每当我轻轻走过你窗前，明亮的灯光照耀我心房。
A　B　C　D

(　　)(2) 你知道烟花为什么要选择在黑夜中燃放吗？
A　B　C　D

(　　)(3) 当我听到叫我在这里住下的时候，我简直高兴得控制不住自己了。
A　B　C　D

(　　)(4) 为了筹备这次博览会，大家非常辛苦，一连几个星期天都没休息了。
A　B　C　D

(　　)(5) 我从他所说的知心话中得到的益处比从她的教导中所得到的还要多。
A　B　C　D

(　　)(6) 梦想的实现需要付出持之以恒的努力，需要用心去做，不到最后一刻绝不放弃。
A　B　C　D

(　　)(7) 咱们不妨 简单地 这么说：说话又老实又明确才算说好。
A　B　C　D

(　　)(8) 从他们质朴的话语中，我们感受到了一种忘我的崇高的境界。
A　B　C　D

(　　)(9) 一连好几个问题他都没回答对，看来被录取的希望很小。
A　B　C　D

(　　)(10) 我好心好意要帮她，她不但不感谢，反而说我多管闲事。
A　B　C　D

2. 在每组A、B、C、D四个句子中，只有一个是正确的，请找出这个句子，在指定的位置上填写代表正确答案的字母。

(　　)(1) A. 大连的夏天是个美丽的地方。
B. 我还从来没有来过中国，也没有参加过奥运会。
C. 从事业的发展上看，还缺乏各项科学专家和各项人才。
D. 在欢送教官的晚会上，班级代表我给教官送了礼物。

(　　)(2) A. 我们要运用和理解学过的词语。
B. 看那熟练的动作，他大概肯定是个专业运动员。
C. 王珍珍生日那天，奶奶特地送给她一条粉红色的围巾。
D. 由于她这样好的成绩，得到了老师和同学们的赞扬。

(　　)(3) A. 我是从一所重点初中以优异的成绩进入一所重点高中的。
B. 袁隆平不但是举世闻名的杂交水稻专家，而且也是一名幽默大师。
C. 我们严肃地研究了职工们的建议，又虚心地征求了专家们的意见。
D. 中国男子足球队的表现，我们认识到有良好的心态是非常重要的。

(　　)(4) A. 在非常困难的条件下,他们完成任务了还是出色地。
B. 在非常困难的条件下,他们还是完成出色地任务了。
C. 在非常困难的条件下,他们还是出色地完成了任务。
D. 在非常困难的条件下,他们任务出色地完成还是了。

(　　)(5) A. 中国人都很喜欢跟我说白求恩和大山。
B. 中国人很喜欢都跟我说白求恩和大山。
C. 中国人跟我都很喜欢说白求恩和大山。
D. 中国人很都喜欢跟我说白求恩跟大山。

3. 修改病句。

(1) 如果你不带了有效证件,门卫就不会让你进去。

________________________________________。

(2) 秋天的田野里,到处能看到果实成熟的景象和芳香。

________________________________________。

(3) 写文章绝不是找稀奇古怪的一些话来写在纸上。

________________________________________。

(4) 人的才能的大小,完全是由于后天的学习和实践决定的。

________________________________________。

(5) 他们在施工过程中,对每个重要的技术问题都交给群众讨论。

________________________________________。

4. 连词成句。

A. 有的同学懒,读书不动脑筋,拿起书来,不知是他在看书,还是书在看他。这样漫不经心去读,不是积极、主动、深入地钻研问题,思维活动没有展开,自然享受不到思考的快乐。有的同学怕读书,视读书为灾难,一拿起书来就担心作业,害怕考试。这样的读法,完全处于被动的状态,思维没有活跃起来,又有什么乐趣可言?

B. 有两种毛病会影响读书的兴趣,一种是"懒学症",一种是"恐学症"。

C. 只有在读书的过程中兴致勃勃地去探索问题,求取进步,才能像高尔基那样,体会到"书籍使我变成了一个幸福的人",从而使"读书苦"变为"读书乐"。

D. 同学们考上了大学,获得了读书的机会,值得庆幸,应该珍惜。但有些同学感到读书太苦,兴趣不大,这就不对了。

正确顺序:____________________

## 三、能力训练题

1. 阅读下面材料,抓住实质,自拟题目,写一篇议论文。

球王贝利踢进了 100 个球,当别人问他哪一个球最令他满意时,他回答说:"下一个。"

2. 情景模拟

(1) 结合专业方向,自己寻找选题,写出毕业论文的提纲。

(2) 结合专业方向,开展一次毕业论文写作过程的模拟训练。

# 参考答案

## 第一课

### 课堂练习

训练二　病文修改。

(1) 修改提示：a. 没有称呼，即向谁请假没有写清楚。
b. 缺少祝颂语。

(2) 修改提示：a. 条据中钱物的数字大写，还应写明币种。
b. 缺少“此据”。
c. 还款日期没有写明。
d. 日期要写清楚年、月、日，不能用“即日”代替。

(3) 修改提示：a. 没写清楚所领物品的数量。
b. 本领条是代表集体写的，应写明集体名称。
c. 没有领取人的署名。

### 课后练习

二、1. 填写汉字。

(1) 重　(2) 怪　(3) 顾　(4) 赞　(5) 惯　(6) 获　(7) 便　(8) 动　(9) 静　(10) 爬

2. (1) A　C　C　B　D　(2) C　B　A　C　B

3. 修改病句。

(1) 这是一本有趣的神话故事书。
(2) 我的写字台上有一只小泥猴。
(3) 晚会上，同学们表演了许多精彩的节目。/晚会上，同学们表演了一个个精彩的节目。
(4) 请你们父亲也来尝尝我们的新花生，好不好？
(5) 它虽然不好看，可是很有用，不是外表好看而没有实用价值的东西。

4. 连词成句。

(1) 学校附近出现了几家昼夜营业的网吧。
(2) 笔记本上留下了我清晰的笔记。
(3) 学校将组织学生参加植树活动。
(4) 我对体育这门课没有什么研究。
(5) 我的全部生命和精力都已献给我的事业。

## 第二课

### 课堂练习

训练二　病文修改。

1. (1) 修改提示：a. 正文第一行应空两格书写。
b. 捡拾物品的具体时间和地点应写清楚。
c. 捡拾的物品不能详细写明。
d. 应写署名和日期。

（2）修改提示：a. 标题应书写在第一行正中间。
b. 正文第一行应空两格书写。
c. 文中要使用书面语，应避免使用“很感谢”。
d. 单位名称与个人姓名中间应空格。
e. 署名和日期分两行书写。

（3）修改提示：a. 应写清楚捡拾物品的时间和地点。
b. 应写发文者的联系电话。

（4）修改提示：a. 正文中未写物品丢失的原因。
b. 在正文右下方应分两行写署名日期。
c. 文中“当面感谢”应改为书面语。

（5）修改提示：a. 第一行和第二行书写格式错误，第二行应接第一行书写。
b. 文中数量词与名词的结构方式不一致。

2. 修改提示：a. 要写明立场、观点和态度，如“该同志的一切行为概与本公司无关”。
b. 未写问题继续发展的防止办法或措施。
c. 未写署名和日期。

3.（1）修改提示：a. 未写标题。
b. 正文第一行应空两格书写。
c. 未写明活动的目的和意义。
d. 未写明活动的时间。
e. 未写署名和日期。

（2）修改提示：a. 未写标题。
b. 未写明活动的目的和意义。
c. 正文书写格式有误，“××讲座形式：……”应另起一行。
d. 未写明观看地点。
e. 未写署名和日期。

## 课后练习

二、2. 填写汉字。

（1）失 （2）谢 （3）震 （4）供 （5）宠 （6）深 （7）举
（8）奈 （9）谦 （10）拍

3.（1）A A C D B （2）D C B B B

4. 修改病句。

（1）本人不小心，在电影院看电影时丢了一个钱包。
（2）经过学习，他已经熟练掌握了操作技术。
（3）我拾到一张银行卡，请失主到 09–1 班领取。
（4）本声明发出后，一切有关的行为，本人概不负责。
（5）如果你经常锻炼，身体就会健壮起来。

5. 连词成句。

（1）请失主看到启事后到学生科认领。
（2）昨晚在本店门口拾到一只提包，内有一些男式衣物。
（3）本人昨天下午乘坐公共汽车时不慎将身份证遗失。
（4）自声明之日起，刘伟同志的一切行为与我公司无关。
（5）特邀汉语学院陈星教授主讲学习方法。

# 第三课

**课堂练习**

训练二　病文修改。

1. 修改提示：a. 称呼应顶格书写。
   b. 问候语应空两格书写，可以写成一段。
   c. 正文的主体文应一件事写一段，即思念之情、“我”的近况、“我”的请求分为三段写。
   d. 文中祝愿语“此致敬礼”的书写格式不正确。
   e. 署名和日期写在右下方。
2. 修改提示：a. 收信人的姓名应写在下一行的正中，且不能用“哥哥”等亲属称谓。
   b. “新疆大学外语系吐尔迪”向右移。

**课后练习**

二、2. 填写汉字。

(1)谅　(2)餐　(3)记　(4)期　(5)开　(6)崇　(7)放　(8)涌　(9)挫　(10)惜

3. (1)B　(2)A　(3)A　(4)D　(5)B
4. (1)前天收到你的来信，我真高兴。
   (2)来信中说姐姐考上了研究生，祝贺姐姐。
   (3)我喜欢吃很甜的月饼。/我喜欢吃甜甜的月饼。
   (4)请替我向你的父母问好。
   (5)艾力骑车才骑了一个小时。
5. (1)今天收到你的来信很高兴。
   (2)好久没联系了，不知你近来身体怎样？工作忙吗？
   (3)因时间关系，今天就写到这儿。
   (4)我这儿一切都好，请不要挂念。
   (5)请向小刘转达我的问候。

# 第四课

**课堂练习**

训练二　1. 病文修改。

(1)修改提示：a. 缺少称谓。
　b. 正文应把被介绍人的基本情况写清楚。
　c. 结尾还应写“请接洽为荷”等字样。
　d. 最后要写明有效期。

(2)修改提示：a. 正文中“你公司”改为“贵公司”比较好，以示礼貌。
　b. 以单位名义写的证明信要加盖公章。

(3)修改提示：a. 正文内容中称呼应一致，都用尊称“您”或“你”。
　b. 正文应把邀请参加的活动的时间、集合地点写清楚。
　c. 正文中还要把邀请对象要带的东西写清楚，如“照相机”。
　d. “敬意”应顶格写。

**课后练习**

二、1. 填写汉字。

(1) 富 (2)惯 (3)豪 (4)拼 (5)敬 (6)即 (7)鼓 (8)兹 (9)特 (10)邀

2. (1) C (2)B (3)A (4)A (5)A

3. 修改病句。

(1) 每次老师提问他总是首先发言。/ 每次老师提问他总是第一个发言。

(2) 自开学以来,他从来没迟到过。

(3) 这个凶残的抢劫犯终于被刑警逮捕了。

(4) 老师讲了孔繁森救助藏族孤儿的事迹。

(5) 老工人在马路上协助交警维持交通秩序。

4. 连词成句。

(1) 这件事给我留下了深刻的印象。

(2) 祝贺你考上了理想的大学。

(3) 我代表我们全家再次向您表示衷心的感谢。

(4) 我一定请您好好儿吃一顿地道的成都火锅。

(5) 刘琴是青岛一家机械零配件公司的采购员。

# 第五课

**课堂练习**

训练二 1. 病文修改。

修改提示: a. 没有标题。

b. 祝颂语"敬礼"后面不需要用叹号。

**课后练习**

二、1. 填写汉字。

(1) 愉 (2) 族 (3) 悉 (4) 毅 (5) 庞 (6) 崇 (7) 跌 (8) 泼 (9) 佩 (10) 媒

2. (1) C (2) B (3) D (4) B (5) A

3. 修改病句。

(1) 我国是世界上人口最多的国家。

(2) 我们在学习上应该下定不畏艰难的决心。

(3) 每个小学生都应该养成上课专心听讲的好习惯。

(4) 上课时,小华目不转睛地注视着老师。

(5) 不管天气多么炎热,大家还是坚持锻炼身体。

4. 连词成句。

(1) 它用自己的身体保护着幼儿。

(2) 美国科学家富兰克林曾经讲过这样一句话。

(3) 王刚被老师严厉地批评了一顿。

(4) 你可以想象出她们那怪异的眼神。

(5) 春天的确是人们进行户外健身活动的好季节。

## 第六课

### 课堂练习

训练二　1. 病文修改。

（1）修改提示：a. 称呼后面用冒号。

b. 没有敬祝语。

c. 没有署名。

d. 日期应统一用阿拉伯数字。

（2）修改提示：a. 政府发文要加盖公章。

b. 没有日期。

### 课后练习

二、1.（1）A　（2）C　（3）D　（4）A　（5）B　（6）D　（7）D　（8）D　（9）C　（10）A

2.（1）C（2）D（3）B（4）D（5）C

3. 修改病句。

（1）我对汉语特别感兴趣。

（2）你必须要认真负责。/你一定要认真负责。

（3）我们从小就要养成爱清洁、讲卫生的习惯。

（4）去年，一场特大洪水把我的家园、我的学校冲垮了。

（5）汶川的道路不通，但是走也要走到汶川去。

4. 连句成段。

（1）C—A—D—B　　（2）B—D—A—E—C

## 第七课

### 课后练习

二、1.（1）A　（2）A　（3）B　（4）C　（5）B　（6）D　（7）A　（8）B　（9）C　（10）B

2.（1）C　（2）D　（3）C　（4）A　（5）B

3. 修改病句。

（1）放假以后，我决定外出打工。

（2）我还有几个朋友要来看我。

（3）我昨天去买了一本书。

（4）我弟弟明年就大学毕业了。

（5）玲玲经常帮助姐姐扫地、擦桌子、洗碗。

4. 连句成段 。

（1）C—A—D—B　　（2）B—C—A—D

## 第八课

### 课堂练习

训练二　1. 病文修改。

（1）修改提示：a. 没有标题。

b. 应用文体的语言要简洁精练，不宜抒情，也不要啰唆。

c. 介绍自己的特长要实事求是。

d. “恳请立即回复为要，以免误事”使用不当，应改为“期盼您的回复”。

e. “最崇高的敬意”要另起一行顶格写。

（2）修改提示：① 将“惠顾” 改为“光顾”；

② 将“你” 改为“贵”；

③ 将“ 可”改为“请”；

④ 将“洽谈” 改为“联系”。

## 课后练习

二、1.（1）D （2）C （3）B （4）C （5）D （6）D （7）C （8）A （9）C （10）D

2.（1）A （2）D （3）A （4）D （5）A

3. 修改病句。

（1）这些书可以借吗？/ 这些书能借吗？

（2）这件事情很重要，大家要重视。

（3）我以前没吸过烟，也没喝过酒。

（4）请把这本书给小明或者小王。

（5）我今后要努力把汉语学得更好。

4. 连句成段。

（1）D—B—A—C （2）B—A—C—D

# 第九课

## 课堂练习

训练二 1. 病文修改。

修改提示：a. 标题应写清楚关于刘 × ×什么事由的通报；

b. 主送机关要顶格写；

c. 通报的文风要朴实，措辞要严谨。正文第二段“据查刘 × ×一科成绩仅得了 21 分”和打架无关，不应该叙述。

## 课后练习

二、1.（1）B （2）B （3）C （4）A （5）C （6）B （7）A （8）D （9）B （10）D

2.（1）D （2）C （3）A （4）B （5）B

3. 修改病句。

（1）他一直是我的朋友，我怎么能不认识他呢。

（2）我的个子比他的个子高一些。

（3）我们的国家每天都发生着新的变化。

（4）校领导平常很关心我们，我们很感动。

（5）老师一进来，教室里一下子安静下来了。

4. 连句成段。

（1）C—D—A—B （2）E—A—C—D—B

# 第十课

## 课堂练习

训练二　1. 病文修改。

修改提示：a. 申请和报告是两种文体，根据内容应改为“申请”。

b. 称呼语的修饰部分不合适；正文中间部分语言不简洁。

c. “此致”、“敬礼”格式不对，“此致”应空两格，“敬礼”应另起一行顶格写。

二、1. (1)C　(2)A　(3)A　(4)C　(5)B　(6)C　(7)D　(8)C　(9)B　(10)D

2. (1)D　(2)C　(3)A　(4)A　(5)D

3. 修改病句。

(1) 他不但学习好，而且常帮助其他同学。

(2) 广大的农村青年表现出了无比的走社会主义的热情。

(3) 清晨，参加长跑的同学们在操场上飞快地奔跑着。

(4) 他向大家汇报了学习这篇课文的心得。

(5) 一进幼儿园，我就看见了一张张可爱的小脸，听到了一阵阵动听的歌声。

4. 连句成段。

(1) B—E—A—C—D　　(2) B—D—A—C

# 第十一课

## 课堂练习

训练二　1. 病文修改。

修改提示：a. 主送机关只能写一个，不能越级请示。

b. 请示要遵守“一文一事”的原则，本请示未遵守这一原则。

c. 结语要用征询性习惯用语，如“妥否，请批示”。

d. 发文机关和日期应写在正文右下方。

## 课后练习

二、1. (1)C　(2)C　(3)A　(4)C　(5)B　(6)C　(7)B　(8)C　(9)B　(10)D

2. (1)B　(2)B　(3)D　(4)B　(5)A

3. 修改病句。

(1)我们明天去参观。/ 我们是昨天去参观的。

(2)古丽吃饭吃得很快。

(3)小王从两点跑到三点。

(4)我过了一个愉快的周末。

(5)他的那篇文章登在报纸上了。

4. 连句成段。

(1) B—D—A—E—C　　(2) F—C—B—E—A—D

# 第十二课

**课堂练习**

训练二　1. 病文修改

修改提示：a. 缺少称呼。

b. 容易偏离主题，篇幅过长。

课后练习

二、1.（1）A　（2）B　（3）D　（4）D　（5）C　（6）D　（7）D　（8）D　（9）C　（10）A

2.（1）D　（2）C　（3）D　（4）B　（5）C

3. 修改病句。

（1）张阿姨是一位平易近人、很容易相处的人。

（2）这个星期天的上午，太阳一直没有露脸。

（3）我多么希望饲养自己心爱的小动物呀！

（4）老人常常像孩子一样更需要家人照顾。

（5）大家怀着愉快的心情、迈着轻松的步伐走进校门。

4. 连句成段。

（1）A—D—B—C　（2）C—B—D—A—E

# 第十三课

**课后练习**

二、1.（1）A　（2）D　（3）C　（4）A　（5）D　（6）D　（7）A　（8）D　（9）D　（10）B

2.（1）B　（2）D　（3）A　（4）A　（5）C

3. 修改病句。

（1）故宫博物院展出了新出土的两千多年前的文物。

（2）我不禁为王一民精彩的表演而喝彩。/ 我忍不住为王一民精彩的表演而喝彩。

（3）沿街摆满了黄瓜、韭菜、鸡鸭等农副产品。

（4）老师夸奖我们班的纪律好。

（5）这是虽在北方的风雪压迫下，但却倔强挺立的一种树！

4. 连句成段。

C—A—D—B

# 第十四课

**课后练习**

二、1.（1）C　（2）C　（3）D　（4）C　（5）C　（6）D　（7）B　（8）C　（9）A　（10）C

2.（1）C　（2）A　（3）B　（4）D　（5）A

3. 修改病句。

（1）太阳是一颗很普通的恒星，但如果没有它，地球将是一片黑暗，什么东西都没有。

（2）我们大家先把这个问题考虑考虑，以后抽时间研究。

（3）我国的棉花生产长期不能自给。

(4) 我们如果不把自己国内的事情努力搞好,那么在国际上就很难有发言权。
(5) 如果不趁现在赶快检查一下代耕工作,眼前的地就锄不好。
4. 连句成段。
B—D—A—C

## 第十五课

### 课堂练习

训练二 1. 病文修改。

修改提示: a. 主体部分应主要写取得的工作成绩或存在问题与经验教训,而本文只在2、3、4段做了简单的总结,把重点放在了今后努力的方向上了。
b. 总结没有署名。

### 课后练习

二、1. (1) B (2) C (3) A (4) B (5) D (6) C (7) B (8) D (9) C (10) C
2. (1) A (2) A (3) D (4) A (5) B
3. 修改病句。
(1)她戴着鲜艳的红领巾,穿着雪白的衬衣。
(2)我要是来晚了,你就替我请一会儿假。
(3)同学们一定要遵守交通规则,防止发生交通事故。
(4)虽然你学习好,但是没有骄傲的理由。
(5)她把那篇论文翻译成西班牙文了。
4. 连句成段。
C—D—A—B

## 第十六课

### 课后练习

二、1. (1) C (2) D (3) C (4) C (5) C (6) A (7) D (8) B (9) D (10) C
2. (1) B (2) C (3) B (4) C (5) A
3. 修改病句。
(1)如果你不带有效证件,门卫就不会让你进去。
(2)秋天的田野里,到处能看到果实成熟的景象,闻到果实成熟的芳香。
(3)写文章绝不是找一些稀奇古怪的话来写在纸上。
(4)人的才能的大小,完全是由后天的学习和实践决定的。
(5)他们在施工过程中,把每个重要的技术问题都交给群众讨论。
4. 连词成句。
D—B—A—C

# 附录 1

## 中国少数民族汉语水平等级考试(三级)书面表达分测验介绍

根据《大纲》要求,这部分试题主要考查考生运用汉语语言文字进行书面表达的能力,包括正确地书写汉字和语句,掌握句子连接的方式,掌握组句成段的表述方法,掌握汉语书面表达的一般格式。要求考生能够使用书面语比较清楚地叙述事件的主要过程和具体细节;能说明和解释事物的基本事理和形成的原因;能阐述对某种现象的看法和理由;能比较具体地描写出事物的状态和主要特征。本分测验对写作中立意构思和谋篇布局的能力不做重点要求。

书面表达部分试题由两部分组成:

第一部分:客观性试题(15 题)。主要考查句子层面上的书面表达能力。这一部分有两种题型。考查的重点为:

(1) 常用句型和固定格式;
(2) 复句中的关联词语;
(3) 常用词组、短语和习用语;
(4) 句子成分在句子中的正确位置;
(5) 强调、比较的方式;
(6) 各种词语之间的搭配和修饰。

第一种题型:在一个句子中有一个或两个空儿,要求考生在所给出 4 个选项中挑选一个最恰当的填入其中(在答卷上画出该项字母),使其句型结构合理,上下句表达上正确。

第二种题型:在一句话中,有 4 个下面画线的词语。去掉其中某一个词语会使句子成为病句。要求考生从中找出不能删去的那一个词语,在答卷上画出表示那一个词语的字母。

这两种题型对培养学生辨别正确的汉语和错误的汉语,养成正确使用汉语习惯很有好处。考生做这部分题时,要注意两点:一是判别测试点类型,是语法类的还是词汇类的;二是从相关成分的关系角度观察各备选项正确与否。一般来说,错误大都属于词义、词汇用法、词语搭配、习惯用法、句子结构等方面的问题。这就要求考生有极高的语言敏感性,对许多常用搭配和习语要做到心里有数。一个词语,一个句子成分用得对错,常常取决于它所处的上下文语境。在做题时,要兼顾整体和局部。

第二部分:主观性试题(给条件作文)。

按照考试大纲,写作部分考试时间为 35 分钟。考生在规定的时间内按照说明中的要求写出一篇350字以上的汉语短文。给条件作文题型分为三类："句首语写作"、"提示性写作"和"看图写作"等。每次考试从三类里选取一种。通过不同方式，提供某种写作背景，要求考生根据所提供材料的具体内容情景或写作提纲，按要求完成作文。这项试题考查考生能否正确使用汉语进行书面表达，能否掌握汉语的叙述、议论、说明、描写等书面表达方式。具体要求是：

(1) 汉字书写正确、字迹清楚，标点符号使用基本无误；
(2) 用词准确，基本没有词语和句法错误；
(3) 在句子连接、句意转换上自然通顺；
(4) 内容完整。

"句首语写作"：除给出题目外，还分出若干段落，并将一些段落的第一句话写出来提供给考生。考生不仅需要通过正确理解题目来确定文章的内容或主题思想，而且需要按照每段句首语的要求组织语段，写出与句首语在意义上顺接、语句上连贯的语段，并使全文各部分上下文之间自然连成一体。例如《大纲》中的样题：

提示：在这一部分里，你将有35分钟的时间来写出一篇短文。题目是《天气与人类的生活》。你需要在第一段和第二段里按照第一句的话语意思写下去。你可以举出事例来说明，也可以对事件进行议论和描写。使全文内容保持一致。全篇不得少于350字(不包括已给出的提示语句)。

**天气与人类生活**

天气对人类的活动有非常大的作用。天气对农业生产和我们的生活经常发生直接影响。农业生产和天气的关系最为密切。________________________________________

______________________________________________________________

______________________________________________________________

______________________________________________________________

______________________________________________________________

无论在农村还是在城市，天气也常常影响我们的日常生活。____________________

______________________________________________________________

______________________________________________________________

______________________________________________________________

______________________________________________________________

随着科技的发展，人们已经掌握了天气变化的规律，能做出相当准确的预报。并且，人们还要进一步研究和利用天气，让天气对人类活动发挥更有利的作用。

这道题将整篇文章分为了四段，开头和结尾两段已经给出，中间展开的两段的第一句话也已经有了,实际上考查的重点就放在了考查考生语段的表达能力上。我们都知道,段落是文章的基本组成部分,好的段落应是段中的句子都围绕一个主题发展,句子与句子之间是紧密联系在一起的,形成一个统一的整体。段落大多由三部分组成:主题句,扩展句和结尾句。主题句表明全段是关于描述什么或讨论什么的段落中心句,即:明确地表示全段要展开的中心点。主题句包括两部分:主题和主旨。主题是一个段落要谈及的事件、人物及任何其他话题;主旨确定话题发展的方向,限定话题的范围,从而表明段落的发展方向。例如:"无论在农村还是在城市,天气也常常影响我们的日常生活"。这句话中,"天气"是主题,"也常常影响我们的日常生活"是主旨。明确了话题"天气"后,话题的方向定为"影响我们的日常生活"。这样,全段的扩展就要围绕着"对日常生活的影响"这个主旨做文章。

有时考生也会遇到这样的问题:虽然理解了段落的主旨,但不知道该怎么写,也就是说不知怎么展开。这时考生可以通过举例或说明等方法把天气对我们的生活究竟有哪些影响具体地写出来,使之成为一个语义完整、结构清晰的段落。例如在写天气也常常影响我们的日常生活时,考生可以联系自己实际生活中的一些熟悉的情况,比如说由于天气的原因影响到你原定的出行计划呀,或是身体健康呀等等,通过一件具体的事例来说明。

此外,一个好的段落应该具有一致性、连贯性、简洁性、重点突出、遣词造句有变换等特点。还要特别注意的是,一个段落应只有一个主题,考生所写内容都应该为这个主题服务,与主题无关的话就不要写进去,切忌走题。

# 附录 2

## 中国少数民族汉语水平等级考试(四级)书面表达分测验介绍

读后写分测验综合考查考生阅读理解和去用汉语言文字进行书面表达的能力。考生先要阅读所给文字材料,然后根据题目要求,在规定时间内,完成一篇规定字数的作文。具体要求是:

(1)快速阅读;
(2)正确理解阅读材料;
(3)正确书写汉字,正确使用标点符号;
(4)词语使用准确、生动;
(5)句意转换、连接恰当,语言通顺、流畅、自然;
(6)谋篇布局适当、合理;
(7)综合去用叙述、描写、说明议论等表达方式。

读后写分测验为主观性考试,共 1~2 题。试卷上提供的阅读材料,就是写作材料,等于给考生提供了写作内容,考生需要按照题目要求,自己组织文字来完成作文。